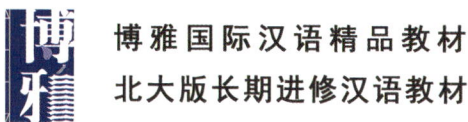

博雅国际汉语精品教材
北大版长期进修汉语教材

Boya Chinese
Reading and Writing (Advanced) I
博雅汉语读写·高级飞翔篇 I

李晓琪　主编
金舒年　柏　春　编著

图书在版编目（CIP）数据

博雅汉语读写.高级飞翔篇.Ⅰ/李晓琪主编；金舒年，柏春编著. —北京：北京大学出版社，2019.10
北大版长期进修汉语教材
ISBN 978-7-301-30359-7

Ⅰ.①博… Ⅱ.①李…②金…③柏… Ⅲ.①汉语—对外汉语教学—教材 Ⅳ.①H195.4

中国版本图书馆CIP数据核字（2019）第034759号

书　　名	博雅汉语读写·高级飞翔篇Ⅰ
	BOYA HANYU·GAOJI FEIXIANG PIAN Ⅰ
著作责任者	金舒年　柏　春　编著
责任编辑	路冬月　宋思佳
标准书号	ISBN 978-7-301-30359-7
出版发行	北京大学出版社
地　　址	北京市海淀区成府路205号　100871
网　　址	http://www.pup.cn　新浪微博：@北京大学出版社
电子信箱	zpup@pup.cn
电　　话	邮购部 010-62752015　发行部 010-62750672　编辑部 010-62753374
印 刷 者	三河市博文印刷有限公司
经 销 者	新华书店
	889毫米×1194毫米　大16开本　12.25印张　314千字
	2019年10月第1版　2019年10月第1次印刷
定　　价	66.00元

未经许可，不得以任何方式复制或抄袭本书之部分或全部内容。
版权所有，侵权必究
举报电话：010-62752024　电子信箱：fd@pup.pku.edu.cn
图书如有印装质量问题，请与出版部联系，电话：010-62756370

前　言

　　"听、说、读、写"是第二语言学习者必备的四项语言技能，全面掌握了这四项技能，就能够实现语言学习的最终目标——运用语言自由地进行交际。为实现这一目的，自20世纪中后期起，从事汉语教学工作的教材编写者们在综合教材之外，分别编写了听力教材、口语教材、阅读教材和写作教材，这对提高学习者的"听、说、读、写"四项语言技能起到了至关重要的作用。不过，由于各教材之间缺乏总体设计，各位编者各自为政，产生的结果就是教材主题比较零散，词汇和语言点数量偏多，重现率偏低。这直接影响到教学效果，也不符合第二语言学习规律和现代外语教学原则。21世纪以来，听说教材和读写教材开始出现，且以中级听说教材和中级读写教材为主，这是教材编写的新现象。

　　本套系列教材突破已有教材编写的局限，根据语言教学和语言习得的基本原则，将听力教学和口语教学相结合，编写听说教材9册，将阅读教学和写作教学相结合，编写读写教材6册，定名为《博雅汉语听说》《博雅汉语读写》系列教材。这是汉语教材编写的一次有益尝试。为保证教材的科学性和有效性，在编写之前，编者们多次研讨，为每册教材定性（教材的语言技能性质）、定位（教材的语言水平级别）和定量（教材的话题、词汇和语言点数量），确保了教材设计的整体性和科学性。这符合现代外语教材编写思路和原则，也是本套教材编写必要性的集中体现。相信本套教材的出版，可为不同层次的学习者（从初级到高级）学习和掌握汉语的听说、读写技能提供切实的帮助，可为不同院校的听说课程和读写课程提供突出语言功能的成系列的好用教材。

　　还要说明的是，早在2004年，北京大学对外汉语教育学院的一些教师已经陆续编写和出版了《博雅汉语》综合系列教材，共9册。该套教材十余年来受到使用者的普遍欢迎，并获得北京大学2016年优秀教材奖。2014年，该套教材根据使用者的需求进行了修订。本次编写的《博雅汉语听说》《博雅汉语读写》系列教材与《博雅汉语》综合教材成龙配套，形成互补（听说9册与综合9册对应，读写6册分为初、中、高三个级别，也与综合教材对应）和多维度的立体结构。无论是从教材本身的体系来看，还是从出版的角度来说，同类系列汉语教材这样设计的还不多见，《博雅汉语》和《博雅汉语听说》《博雅汉语读写》系列教材的出版开创了汉语教材的新局面。

本套教材（听说系列、读写系列）的独特之处有以下几点：

1. 编写思路新，与国际先进教学理念接轨

随着中国国际地位的提高，世界各国、各地区学习汉语的人越来越多，汉语教学方兴未艾，编写合适的汉语系列教材是时代的呼唤。目前世界各地编写的汉语教材数量众多，但是很多教材缺乏理论指导，缺乏内在的有机联系，没有成龙配套，这不利于汉语教学的有效开展。国内外汉语教学界急需有第二语言教学最新理论指导的、有内在有机联系的、成龙配套的系列教材。本套系列教材正是在此需求下应运而生，它的独到之处主要体现在编写理念上。

第二语言的学习，在不同的学习阶段有不同的学习目标和特点，因此《博雅汉语听说》《博雅汉语读写》系列教材的编写既遵循了汉语教材的一般性编写原则，也充分考虑到各阶段的特点，较好地体现了各自的特色和目标。两套教材侧重不同，分别突出听说教材的特色和读写教材的特色。前者注重听说能力的训练，在过去已有教材的基础上有新的突破；后者注重读写能力的训练，特别重视模仿能力的培养。茅盾先生说："模仿是创造的第一步。"行为主义心理学也提出"模仿"是人类学习不可逾越的阶段。这一思想始终贯穿于整套教材之中。说和写，都从模仿开始，模仿听的内容，模仿读的片段，通过模仿形成习惯，以达到掌握和创新。如读写教材，以阅读文本为基础，阅读后即引导学习者概括本段阅读的相关要素（话题、词语与句式），在此基础上再进行拓展性学习，引入与文本话题相关的词语和句式表达，使得阅读与写作有机地贯通起来，有目的、有计划、有步骤、有梯度地帮助学生进行阅读与写作的学习和训练。这一做法在目前的教材中还不多见。

2. 教材内容突出人类共通文化

语言是文化的载体，也是文化密不可分的一部分，语言受到文化的影响而直接反映文化。为在教材中全面体现中华文化的精髓，又突出人类的共通文化，本套教材在教学文本的选择上花了大力气。其中首先是话题的确定，从初级到高级采取不同方法。初级以围绕人类共通的日常生活话题（问候、介绍、饮食、旅行、购物、运动、娱乐等）为主，作者或自编，或改编，形成初级阶段的听或读的文本内容。中级阶段，编写者以独特的视角，从人们日常生活中的喜怒哀乐出发，逐渐将话题拓展到对人际、人生、大自然、环境、社会、习俗、文化等方面的深入思考，其中涉及中国古今的不同，还讨论到东西文化的差异，视野开阔，见解深刻，使学习者在快乐的语言学习过程中，受到中国文化潜移默化的熏陶。高级阶段，以内容深刻、语言优美的原文为范文，重在体现人文精神、突出人类共通文化，让学习者凭借本阶段的学习，能够恰当地运用其中的词语和结构，能够自由地与交谈者交流自己的看法，能够自如地写下自己的观点和意见……最终能在汉语的天空中自由地飞翔。

3. 充分尊重语言学习规律

本套教材从功能角度都独立成册、成系列，在教学上完全可以独立使用；但同时又与综合教材配套呈现，主要体现在三个方面：

（1）与《博雅汉语》综合系列教材同步，每课的话题与综合教材基本吻合；

（2）词汇重合率在25%以上，初级阶段重合率在45%以上；

（3）语言知识点在重现的基础上有限拓展。

这样，初级阶段做到基本覆盖并重现综合教材的词语和语言点，中高级阶段，逐步加大难度，重点学习和训练表达任务与语言结构的联系和运用，与《博雅汉语》综合教材的内容形成互补循环。

配套呈现的作用是帮助学习者在不同的汉语水平阶段，各门课程所学习的语言知识（词语、句式）可以互补，同一话题的词语与句式在不同语境（"听说读写"）中可以重现，可以融会贯通，这对学习者认识语言，同步提高语言"听说读写"四项技能有直接的帮助。

4. 练习设置的多样性和趣味性

练习设计是教材编写中的重要一环，也是本套教材不同于其他教材的特点之一。练习的设置除了遵循从机械性练习向交际练习过渡的基本原则外，还设置了较多的任务型练习，充分展示"做中学""练中学"的教学理念，使学习者在已有知识的基础上得到更深更广的收获。

还要特别强调的是，每课的教学内容也多以听说练习形式和阅读训练形式呈现，尽量减少教师的讲解，使得学习者在课堂上获得充分的新知识的输入与内化后的语言输出，以帮助学习者尽快掌握汉语"听说读写"技能。这也是本套教材的另一个明显特点。

此外，教材中还设置了综合练习和多种形式的拓展训练，这些练习有些超出了本课听力或阅读所学内容，为的是让学习者在已有汉语水平的基础上自由发挥，有更大的提高。

综上，本套系列教材的总体设计起点高，视野广，既有全局观念，也关注每册的细节安排，并且注意学习和借鉴世界优秀第二语言学习教材的经验；参与本套系列教材的编写者均是具有丰富教学经验的优秀教师，多数已经在北京大学从事面向留学生的汉语教学工作超过20年，且有丰硕的科研成果。相信本套系列教材的出版将为正在世界范围内开展的汉语教学提供更大的方便，进一步推动该领域的学科建设向纵深发展，为汉语教材的百花园增添一束具有鲜明特色的花朵。

衷心感谢北京大学出版社的领导和汉语室的各位编辑，是他们的鼓励和支持，促进了本套教材顺利立项（2016年北京大学教材立项）和编写实施；是他们的辛勤耕作，保证了本套教材的设计时尚、大气、色彩及排版与时俱进，别具风格。

李晓琪

于北京大学蓝旗营

使用说明

掌握一门语言，离不开听、说、读、写四项基本技能。近年来，我们陆续修订了2004年出版的《博雅汉语·高级飞翔篇》，而这本书就是为了配合它而编写的。《博雅汉语读写·高级飞翔篇》（Ⅰ、Ⅱ册）所对应的是《博雅汉语·高级飞翔篇》的Ⅰ、Ⅱ、Ⅲ册，适合中等水平以上（相当于HSK五、六级）的汉语学习者使用。

（一）

所谓的"对应"，具体是指以下几个方面：

第一，本书的编写宗旨和理念与《博雅汉语·高级飞翔篇》是一脉相承的。同样是以语篇理论和任务型教学法为宗旨和基础，本着重视社会责任，体现人文精神、突出人类共通文化的编写理念，以内容丰富深刻，具有启迪心智、引发思考的意义，又能够帮助学习者了解中国社会和中国文化，语言典范优美又各具特色的原创作品作为选择的对象，并注重所选语料的话题和体裁的多样性。

第二，本书与《博雅汉语·高级飞翔篇》的课文话题具有相关性，都具有比较普遍的关注度，同时也能够起到相互延伸和补充的作用。在课文的编排上，我们既依据先易后难、循序渐进的原则，同时也注意各种内容、各种体裁文章的穿插安排，力求让学习者感到丰富多彩，避免单一和乏味。同时，两套教材的话题具有相关性也更加方便词语的复现，有利于学习者牢固掌握所学词语。

第三，在选文方面，我们也延续了《博雅汉语·高级飞翔篇》的思路，主要选择中国作家的原创作品，为学习者提供原汁原味的精品。我们认为，学习一种语言的最高境界，是懂得并能够欣赏这种语言的美。而要做到这一点，必须要让学习者接触到用这种语言创作的优秀作品。只有让学习者充分感受和领悟到汉语的优美，他们才会自发地、兴致勃勃地去学习这种语言。也正是因为如此，我们担心人为的修改会破坏原文的韵味和风格，所以没有刻意地去控制每一课的词汇量，也不追求每课的生词量都一致。

第四，本书选取生词的标准与《博雅汉语·高级飞翔篇》接轨，并有30%左右的重合复现。鉴于目前还没有权威的词汇等级大纲，在词汇方面，我们还是以《汉语水平词汇与汉字等级大纲》为主要参考对象。《博雅汉语读写·高级飞翔篇Ⅰ》把丁级词和超纲词作为生词，《博雅汉语读写·高级飞翔篇Ⅱ》主要把丁级中比较难的词和超纲词作为生词，并主要根据《现代汉语词典》（第7版）、《应用汉语词典》和《现代汉语规范词典》用汉语进行释义。另外，我们也认为，通过重复来加强记忆是语言学习的不二法则，所以词语的重合复现可以帮助学生及时复习并更牢固地掌握所学词语。

第五，继续强化"词语辨析"方面的知识和练习。在语言学习达到一定水平后，随着学习者词汇量的增加，需要也应该区别一些近义词的细微差别。针对学习者的这个特点，《博雅汉语·高级飞翔篇》中安排了"词语辨析"这个板块，本书延续这个做法，在每一篇阅读文章下面，都有关于词语辨析的练习，以引领学习者关注这个问题。

第六，在练习的设计上，本书也保持了《博雅汉语·高级飞翔篇》"大运动量"训练的传统，本着任务型教学法的原则，设计和安排了相当丰富的题型和练习量，给使用者以充分的选择余地。

（二）

作为读写教材，本书与《博雅汉语·高级飞翔篇》的不同之处在于：

第一，以本书的两册对应《博雅汉语·高级飞翔篇》的三册，主要是考虑到在一般的学校里，读写课的课时安排都会少于综合课，如果读写教材的量与综合教材的量相同，势必会造成资源的浪费。另外，我们在两册书的难度安排上也有意加快了拉开档次的节奏，所以第二册最后几课的难度与《博雅汉语·高级飞翔篇Ⅲ》是基本一致的。

第二，在每课框架结构的设计和版面设计上，都体现出了读写教材的特色。本书每一课有两篇精品文章作为主要的阅读内容，为了方便阅读，我们把生词列在文章的右边，但是，把拼音放在文章中；在每一篇阅读文章的下面设计了阅读和写作练习，让学生边学习边练习，以提高学习效率，方便教师操作。为了给学有余力的学生提供更多的营养，我们在每一课的后面安排了"补充阅读和思考"，并设计了相应的练习，以期发挥更大的作用。

第三，在选文的语言风格上，本书比较侧重书面语体，可以让学习者充分领略汉语书面语的优美和不同的风格，也方便学习者学习和模仿，符合读写专项训练的要求。而在《博雅汉语·高级飞翔篇》中，作品的语言风格比较多样化，有的倾向于书面语，有的则比较倾向于口语。

第四，在练习题型的设计上，本书非常注意突出读写的特点。可以说，除了选文之外，练习的设计是我们花费时间精力最多的。考虑到"读"和"写"这两项技能一是输入、一是输出这一特点，我们在题型的设计上完全突破了《博雅汉语·高级飞翔篇》的模式，设计了更加实用的、有针对性的题型，兼顾到词语练习、阅读理解，以及在阅读基础上的输出。在"写作实战练习"这个板块，完全按照任务型教学法来设计，引导学习者通过完成一个接一个的任务，最后完成作文，并在内容上和写作上提出了尽可能清楚、明确的要求。我们认为这比传统的命题作文有更大的可控性，可以在很大程度上避免学生拿到题目无从下手，不知该写什么和怎么写的困惑。

第五，在"阅读"与"写作"如何衔接上，我们也进行了深入的思考。我们认为，如何处理"读"与"写"的关系，是读写教材的编写者首先应该考虑的。从语言学习的一般规律来看，输入总是会领先于输出的。而我们的课文都是经过几番挑选的精美之作，除了让学习者学习、欣赏之外，怎么跟我们的输出目标——"写"结合起来呢？首先，我们要求学习者必须真正读懂原文，准确把握文章的内涵；在这个基础上，我们考虑了三条途径：借用或延伸话题、表达看法和模仿其中的写作方法。同时，我们也总结了每篇原文写作方法的特点或精彩之处，方便学生在写作中学习模仿。我们希望并相信，通过这些练习，既可以让学生欣赏到中国作家原汁原味的原创作品，又可以不同程度地提高自己的汉语写作水平。

（三）

为了最大限度地提高教材的使用效率，我们对本书的使用者提出如下建议：

第一，最好与《博雅汉语·高级飞翔篇》和《博雅汉语听说·高级飞翔篇》配合使用。这几套教材在教学方法和课程内容上各有侧重，但都注重话题的延伸和词汇的复现，可以帮助学习者更有效地掌握所学的内容。当然，本教材也可以与其他综合教材配合使用。

第二，在教学过程中要充分发挥教师的引领作用。有的老师也许会问，现在不是强调课堂要以学生为主体吗？其实这二者并不矛盾。所谓"引领作用"，打个比方来说，就是在理解课文内容时，教师要拉着学生的手往正确的道路上引导，避免学生理解得不准确、不到位。本教材所选的文章大部分都有比较复杂的社会背景和文化背景，作为二语学习者，学生很难完全准确地把握和深入理解这些背景和内涵，所以教师起好引领作用就显得至关重要了。

第三，为了起好"引领作用"，教师要吃透教材，尤其是文章背景和内涵，还要不断充实自己的知识体系；既要有足够的中国历史文化底蕴，又要有全球化的视野和求同存异的宽容心态。只有这样，才能帮助学生准确理解课文，教学中出现跨文化交际障碍时，才能顺利化解。

第四，本教材的总量很充足，课文和练习都有选择的余地，建议教师根据课时和学生情况有选择地加以使用，不必一一完成。

第五，课堂操作方式灵活多样。我们是本着"好用"的原则来设计教材的板块的，但教师在实际操作中不必拘泥于教材的安排，可以采用灵活多样的教学方法来活跃课堂气氛，引发学习者的学习兴趣。

第六，要进行作文讲评。对于学生的作文，教师要进行有针对性的讲评。讲评可以分集体和个别两种形式，也可以根据课时灵活安排。

第七，我们也想给学习者提个建议。在信息爆炸的互联网时代，我们已经很难有进行深度阅读的机会了，这不能不说是一个很大的遗憾。这套教材给大家提供了一个这样的机会。如果大家想真正学好汉语，体会到汉语的优美，建议把自己喜欢的课文大声朗读几遍，你一定会发现，在朗读第二遍、第三遍的时候，会对汉语产生一种奇妙的感觉。

最后我们想说的是，这两本书，从2008年年底酝酿编写，到现在终于付梓，可以说是十年磨一剑了，其中的辛苦自不必说。当然，作为教材，它肯定还有一些不尽如人意的地方，诚挚欢迎使用者给我们提出宝贵意见和建议！

在这里，我们也要特别感谢教材中这些文章的作者的支持，个别篇目因为多种原因，我们暂时无法跟作者取得联系。希望这些作者看到这本教材，及时跟我们取得联系，我们会按照相关的规定支付报酬。同时，也在这里向你们表示诚挚的感谢！

感谢北京大学出版社，为教材的出版提供了平台；感谢本书的责任编辑，你们的热心、耐心和责任心都值得称赞和学习！

金舒年

目录

第1课　家庭与亲情 ··· 1

　　阅读（一）　经营婚姻 ··· 1

　　阅读（二）　亲情 ··· 9

　　补充阅读与思考　父子应是忘年交 ································ 18

第2课　人类与科技 ··· 22

　　阅读（一）　人脑十大奇事 ··· 22

　　阅读（二）　血型中的科学 ··· 30

　　补充阅读与思考　未来家庭畅想 ···································· 39

第3课　社会与发展 ··· 42

　　阅读（一）　温暖的"时间银行" ····································· 42

　　阅读（二）　幸福学家的科学新发现 ······························· 49

　　补充阅读与思考　你一天要看多少次表 ··························· 59

第4课　自然与环境 ··· 62

　　阅读（一）　你能为地球"降温"做什么？·························· 62

　　阅读（二）　沙的表情：沙丘和沙纹 ······························· 71

　　补充阅读与思考　名实相谬的动物 ································· 81

第5课　经济与生活　　84

阅读（一）　从穷鬼到富豪：揭秘美国人理财七大秘诀　　84

阅读（二）　贺卡，存储你的私家记忆　　93

补充阅读与思考　借你一生　　102

第6课　人才与教育　　106

阅读（一）　坚韧造就的传奇　　106

阅读（二）　教子之道　　113

补充阅读与思考　我在剑桥学说话　　124

第7课　人生与梦想　　128

阅读（一）　可持续的快乐　　128

阅读（二）　对自己的人生负责　　135

补充阅读与思考　今天，你"乐活"了吗？　　144

第8课　历史与文化　　150

阅读（一）　少许　　150

阅读（二）　西方人见树木，东方人见森林　　159

补充阅读与思考　要"园丁"还是要"渔夫"　　168

词语总表　　170

第1课 家庭与亲情

配套资源

阅读（一）

台湾作家三毛说："爱情如果不落实到穿衣、吃饭、数钱、睡觉这些实实在在的生活里，是不容易天长地久的。"婚姻是人与人之间最基本、最全面、最深刻的合作关系，它是分与合的矛盾统一。成功的婚姻不是1+1=2，而是0.5+0.5=2，意思是两个相恋的人只有各自"减去"自己的个性和缺点，才能共同经营幸福的婚姻。我们来看看下文的作者认为应该怎样经营婚姻。

经营婚姻

婚姻问题绝对不比一个国际问题简单。

恋爱与婚姻有着本质的差别：恋爱是一种随意性的感情交流，既无权利，也无义务，不具有 社会属性（shèhuì shǔxìng）；而婚姻是一种 契约（qìyuē），只有彼此承担责任与义务，才能 天长地久（tiāncháng-dìjiǔ），才能 白头偕老（báitóu-xiélǎo）。

婚姻如同一个男人与一个女人共同创立一家公司，他们面对的不仅是自己，还有社会。这其中任何一种与 配偶（pèi'ǒu）有关的社会关系，对方都不可轻视，不可任性。只有树立良好的社会形象并进行 妥善（tuǒshàn）的内部管理，公司的生意才能 兴隆（xīnglóng）发达。

1. 社会属性：具有社会性质和特点。（social attribute）
2. 契约：两人或两人以上共同商量制定的协议。（contract）
3. 天长地久：跟天和地存在的时间那样长。形容时间很长，也形容永远不变（多指爱情）。
4. 白头偕老：夫妻相亲相爱，一直到老。
5. 配偶：指夫妻双方中的另一方。（spouse）
6. 妥善：稳妥完善，恰当。
7. 兴隆：兴旺昌盛。

　　婚姻的核心当然是爱情，但家庭毕竟是实体（shítǐ）结构，需要很强的实际能力和生存技巧。尤其在今天的社会，它还需要许多条件的维系（wéixì）与巩固，否则它经受不起任何一种自然灾害带来的损害（sǔnhài）。仅仅靠浪漫与情感支撑（zhīchēng）不起它沉重的躯体（qūtǐ）。

　　我之所以强调婚姻的经营，是因为有些朋友总以为婚姻是一盘固定的牌局（páijú），以为婚姻使他们拥有了彼此，有了稳定安全的一生，一辈子（yíbèizi）不再需要刻意地经营了。

　　试想，两个完全没有血缘（xuèyuán）关系的独立个体，或不期而遇（bùqī'éryù），或经人介绍组成了一个小家庭，既然他们的组合有一定的偶然性，当然也会因偶然的因素而分开，怎么可能永远相安无事（xiāng'ān-wúshì）呢？婚姻是一件不断变化，也是一件时时需要我们去认真经营的事情。

　　婚姻像是一个不兴隆的生意。初期，感情强烈，充满幻想；中期，枯燥倦怠（juàndài），容易破裂（pòliè）；晚期，双方都已衰老（shuāilǎo），一生经历许多坎坷（kǎnkě），需要相互搀扶（chānfú），走完一生。

8. 实体：真实具体的东西。

9. 维系：维持、联系。

10. 损害：使受到伤害。
11. 支撑：维持。
12. 躯体：身体。

13. 牌局：打牌过程中形成的某种局势。
14. 一辈子：一生。（one's lifetime）

15. 血缘：人类由生育而自然形成的关系。
16. 不期而遇：事先没有约定而遇见。

17. 相安无事：共同相处而没有矛盾。

18. 倦怠：厌倦，做事不积极。（languid）
19. 破裂：破坏、分裂。
20. 衰老：年老而衰弱。
21. 坎坷：道路、土地坑坑洼洼；比喻人的经历曲折困难。
22. 搀扶：扶持使不倒下。

第1课　家庭与亲情

婚姻也像一个不太健康的躯体，在婚姻的心电图①中有时会显示心律失常（xīnlǜ shīcháng）②或心肌缺血（xīnjī quē xiě）③，所以我们要有针对性地服药以维持它的生命。

爱情是个很微妙（wēimiào）的东西。婚姻使爱情的时间和空间都延长了，但它是否能随着岁月（suìyuè）的流逝（liúshì）而保鲜呢？那就很难说清了。但是有一点是肯定的，他们曾经拥有过很纯很鲜很美的感受，这已足以使人欣慰（xīnwèi）了，至于剩下的时间则是一种依赖、习惯、无可奈何和相互理解。其实这正是一种成熟稳定的状态。

现代人，尤其是女性，总想在婚姻中获得最大的利益、最实在的好处，看见戴安娜嫁给查尔斯（Chá'ěrsī）王子④而令世界注意，这足以令她们满心渴望又觉得可望而不可即（kě wàng ér bù kě jí）；知道平凡又结过两次婚的不年轻不美丽的辛普森（Xīnpǔsēn）⑤嫁给了温莎公爵（Wēnshā gōngjué）⑥，这足以使一些未婚的、已婚的女人羡慕万分。事实上，世界上最大的赌博（dǔbó）亦是婚姻。这婚姻究竟是福是祸，是胜（shèng）是败（bài），是盈（yíng）是亏（kuī），只有熬到最后才能揭开谜底（mídǐ）。这其中的是是非非、恩恩怨怨（ēn'ēnyuànyuàn）、穷穷富富、苦熬苦盼都不过是一个扑朔迷离（pūshuò-mílí）的过程。

所以婚姻最需要的是以一份平常心去经营，它尤其需要沉着与耐力。

在婚姻生活中要学会扮演（bànyǎn）母亲（或父亲）、妻子（或丈夫）、女儿（或儿子）等混合角色（juésè）。该独立时独立，该混合时混合。求新求异是人的特点，婚姻像生命一样渴望朝气。婚姻

---

23. 微妙：深刻玄妙，难以理解的。（subtle）
24. 岁月：年月，指时间。
25. 流逝：像流水一样迅速过去。
26. 欣慰：内心满意并感到安慰。

27. 可望而不可即：能看见，但达不到。比喻目前还不能实现。

28. 赌博：用财物以一定方式争输赢，也比喻进行某种冒险活动。（gamble）
29. 胜：胜利。败：失败。
30. 盈：获利。亏：受损。
31. 谜底：谜语的答案，也比喻事情的真相。
32. 恩恩怨怨：恩惠和仇恨（多偏指仇恨）。
33. 扑朔迷离：形容事情复杂，很难弄清楚。

34. 扮演：化装成某种人物出场表演。
35. 角色：比喻生活中某种类型的人物。（role）

不仅是感情，而且是艺术与技巧。

婚姻生活中最重要的是培养独立性，同时又尊重对方的独立性。注意保持心理距离，有冲突时，不要太固执，能从心理上不去在意，能够不动情绪地去应酬一些麻烦和干扰。本来嘛，是两个不相关的人走到一起，怎么可能一味（yíwèi）强求（qiǎngqiú）一致呢？强求是一种侵略（qīnlüè），也是一种自溺（zìnì）。

注意保持自己，有时需要把自己封闭（fēngbì）在孑然一身（jiérányìshēn）的世界里去思考，这才是智慧与强大。那些无时无刻（wúshí-wúkè）不渴望与他人进行感情交流，否则就心慌意乱（xīnhuāng-yìluàn）的人，不仅幼稚、脆弱，而且是失败的。

用独立宽容（kuānróng）的态度去对待婚姻，是一种明智（míngzhì）的选择，抑或（yìhuò）是一种有效的经营。

（选自《中华百年经典散文·男人女人卷》，原题《经营婚姻》，作者申力雯，有删改）

36. 一味：盲目，不顾客观条件。
37. 强求：勉强要求。（importune）
38. 侵略：侵犯抢夺。
39. 自溺：自我堕落、消沉。
40. 封闭：关闭，使不能随便打开或通行。
41. 孑然一身：孤孤单单一个人。
42. 无时无刻：没有一分一秒，毫不间断。常与"不"连用。
43. 心慌意乱：心里慌张，不知该怎么办才好。
44. 宽容：宽大不小气，不计较或不追究。
45. 明智：聪明而有远见。
46. 抑或：〈书〉或者。

注释

① 心电图：记录心脏一个周期电位变化的图形，用来检查心律失常等病症。
② 心律失常：指心脏跳动节律失常，通常是冠心病、心肌炎的表现。
③ 心肌缺血：指各种原因引起心脏血流量降低，使心肌供氧不足的临床状态。
④ 查尔斯王子：The Prince Charles。
⑤ 辛普森：Mrs. Simpson。
⑥ 温莎公爵：Duke of Windsor。

第1课 家庭与亲情

练习 Exercises

一 把左边的词语与右边相应的意思连接起来

1. 一味　　　　　　　A. 两人或两人以上共同商量制定的协议
2. 白头偕老　　　　　B. 维持
3. 宽容　　　　　　　C. 事先没有约定而相遇
4. 扑朔迷离　　　　　D. 指彼此相处没有什么冲突和争执
5. 孑然一身　　　　　E. 内心满足并感到安慰
6. 自溺　　　　　　　F. 夫妻相亲相爱，一直到老
7. 谜底　　　　　　　G. 道路、土地坑坑洼洼，也比喻人的经历曲折困难
8. 契约　　　　　　　H. 没有一分一秒，毫不间断
9. 相安无事　　　　　I. 形容事情复杂，很难弄清楚
10. 坎坷　　　　　　　J. 比喻事物的真相
11. 配偶　　　　　　　K. 指夫妻双方中的另一方
12. 不期而遇　　　　　L. 孤单一个人
13. 支撑　　　　　　　M. 自我堕落、消沉
14. 无时无刻　　　　　N. 盲目，不顾客观条件
15. 欣慰　　　　　　　O. 不小气、不计较或不追究

二 根据文章的内容，判断下面句子是否正确

☐ 1. 婚姻问题比国际问题简单。
☐ 2. 婚姻和爱情都是具有社会性的情感。
☐ 3. 婚姻是固定的，让人觉得彼此拥有，有一份安全感。
☐ 4. 婚姻是一种社会契约，彼此对对方有责任和义务。
☐ 5. 爱情像一个不太健康的躯体，需要我们有针对性地服药以维持它的生命。
☐ 6. 爱情是婚姻的核心，没有爱情的婚姻是无法经营下去的。
☐ 7. 婚姻中存在很多无法预料的事情，那就需要人们像经营一家公司一样认真地经营它。
☐ 8. 当婚姻中的两人感觉到依赖、习惯、相互理解和无可奈何时，他们的婚姻是稳定的。
☐ 9. 婚姻不能靠感情维持，而是运用艺术与技巧去支撑。
☐ 10. 独立性在婚姻中很重要，用独立宽容的态度来对待婚姻是很明智的。

三 根据文章内容，用指定的词语完成下面的问题。请不要照抄课文，清楚地理解课文内容后，尽量用自己的话来写

1. 婚姻与爱情的差别有：_____
   _____
   _____
   _____

   权利　义务　责任
   交流　契约

2. 应该如何经营婚姻：_____
   _____
   _____
   _____

   契约　天长地久　妥善
   维系　支撑

3. 婚姻像生意，初、中、晚期各有什么特点？_____
   _____
   _____
   _____

   强烈　倦怠　坎坷
   衰老　搀扶

四 写作实战练习

问题提示和思考

　　本文作者是中国当代著名的女作家。在这篇文章中，作者探讨了婚姻的本质，并提出了使婚姻"保鲜"的办法。有人说，男人被训练成为第一流的男人，女子被训导成为非常贞洁和忠诚的妻子，那么这将是十分成功的婚姻。在婚姻中只有男女双方都接受对方的"训练"，夫妻二人同时负起各自的责任，家庭才能幸福，直到永远！你同意这种观点吗？你认为婚姻要怎样经营才能维系得更长久？

　　另外，这篇文章的作者还提到："事实上，世界上最大的赌博亦是婚姻。"你是怎样理解这句话的？

写作提示

　　本文在论述婚姻问题时，多处采用了**比喻**的修辞手法。比如："婚姻是一种契约""婚姻如同一个男人与一个女人共同创立一家公司""婚姻像是一个不兴隆的生意""婚姻也像一个不太健康的躯体"等。

第1课　家庭与亲情

比喻是一种运用广泛的修辞手法，也就是"打比方"，用跟甲事物有相似点的乙事物来描写或说明甲事物。这种方法可以把抽象的事物变得具体，把深奥的道理变得浅显，使文章生动形象。

写作练习

步骤一：分组采访

采访一下你身边的三位朋友，看看他们是如何看待爱情和婚姻的，并记录下来。

采访提纲	
采访时间	年　　月　　日
采访地点	
采访对象	
采访方式	
采访问题	1. 你是已婚者还是未婚者？你现在的爱情或婚姻幸福吗？ 2. 幸福的爱情或婚姻除了有"爱"，还需要有什么？ 3. 你觉得青年、中年、老年三个不同年龄段的婚姻有什么不同的特点？ 4. 有人说"婚姻是一种赌博"，你同意吗？为什么？

步骤二：讨论后列出表格

全班分组，大家在组内互相分享和讨论一下各自采访到的观点和看法，并把被采访者的观点分类整理，完成下面的表格：

问题	观点分类（可以不受表格的限制，增加类别）		
问题1	1.	2.	3.
问题2	1.	2.	3.
问题3	1.	2.	3.
问题4	1.	2.	3.

我们对以上采访结果的分析和总结是：

_____
_____
_____
_____
_____
_____
_____

第 1 课　家庭与亲情

步骤三：写作

具体要求：

1. 文章内容：

　　① 选择比较有代表性的一位或两位采访对象，谈谈对婚姻的看法。

　　② 他们把爱情或婚姻看作什么？

　　③ 大家是否同意"婚姻是一种赌博"？

　　④ 老中青不同年龄层的人，该如何经营自己的婚姻？

2. 写作方法：归纳、分析、总结采访对象对婚姻的看法，并模仿运用比喻的写作手法完成文章。

3. 使用词语：在文章中至少使用本课所学的 8 个新词语。

4. 字数：600 字左右。

步骤四：修改并定稿

　　完成作文后请老师提出意见，再根据老师的意见进行修改，最后抄写到作文本或稿纸上。小组同学分工制作 PPT，每组请一位代表在班里演讲。

阅读（二）

　　生与死从来都是人世间最大的事，其中所蕴含的亲情也是最深切、最难忘的。所以，我们每个人该如何面对亲人朋友的离世，恐怕是天下最难的事了。这不仅仅涉及人伦亲情，还是一个哲学方面的重大课题。你经历过与亲人的生离死别吗？体验过其中蕴含的深深的亲情吗？怎样才是对逝去亲人的最好的怀念？让我们来看一看下面文章中的人物是如何面对和思考的。

亲　情

　　秋水与我在网络（wǎngluò）上相识。她常看我的博客（bókè），先是悄悄留言，后来写信。通信

1. 网络：Network。
2. 博客：Blog。

内容广泛，涉及社会、人生、爱情。我们成了不曾见面却无话不谈的朋友。几个月前，她在信中告诉我，父亲刚被查出肺癌，且到了晚期，医生说已错过了动手术的时机。

于是，她和姐姐选择了**刻意**（kèyì）**隐瞒**（yǐnmán）。

她们担心父亲的心理承受不了，**一旦**（yídàn）让他知道，不仅会拒绝服药，甚至会**自暴自弃**（zìbào-zìqì）。她的叔叔也曾患癌，她父亲当时的态度十分鲜明，不同意**化疗**（huàliáo），不想让叔叔去得更痛苦。她想，不如就让父亲以这样的心态好好地过下去，反正治疗是没有什么效果的。

然而，秋水又很矛盾。

她说："如果瞒着他，到了**不得已**（bùdéyǐ）时才让他知道，父亲会不会怪我们？或许人在将死之时都会**挣扎**（zhēngzhá）？或许他会**拼死**（pīnsǐ）化疗？至少他为自己的生命做出了努力。毕竟，生存的权利是他的。现在他已经怀疑了，说我们合伙骗他。一次临睡前，他看着我们，眼里充满了悲伤与**绝望**（juéwàng），眼泪就掉了下来，我的心都**碎**（suì）了。我也经常看见他独自坐在那里**苦思冥想**（kǔsī-míngxiǎng），很痛苦。我又想，怀疑说明心中仍有期望，总比绝望好啊。

"昨夜整**宿**（xiǔ）没睡，犹豫着到底该不该告诉他。

"柯老师，您能帮我吗？"

我这样给秋水回信："父亲突然得了**绝症**（juézhèng），你还年轻，缺少精神准备，可以理解。**贪生怕死**（tānshēng-pàsǐ）也是**人之常情**（rénzhī

3. 刻意：故意、特意，用尽心思。
4. 隐瞒：不让人知道真相。
5. 一旦：如果有一天。

6. 自暴自弃：自己瞧不起自己，自己放弃希望。

7. 化疗：用化学药物治疗恶性肿瘤。（chemotherapy）

8. 不得已：没有办法，不得不这样做。

9. 挣扎：用力支撑或尽力摆脱。
10. 拼死：就算死也要去做。

11. 绝望：毫无希望。
12. 心碎：形容特别伤心。
13. 苦思冥想：专心地思考和想象。也作"冥思苦想"。

14. 宿：量词，夜。

15. 绝症：指现在无法治好的疾病。
16. 贪生怕死：贪恋生存，害怕死亡。
17. 人之常情：一般人都有的情感。

chángqíng）。死亡毕竟是令人恐惧的事情，是否将病情告诉患者，要根据具体的人和具体的情况。

"有些人能够平静地面对生死，对医学也有一定了解。得知真相，不会引起惊吓（jīngxià），反而会使他更积极更坦然（tǎnrán）地面对人生。但许多人知道自己身患绝症后，无法面对，恐惧反而导致病情迅速恶化，这是亲人所不愿看到的。对你父亲的情况还要具体分析。

"总之，一切以患者更乐观的精神状态，更好地配合治疗为要。"

几个月后，秋水告诉我，她的父亲已经安然（ānrán）去世。她的叙述传达出了一切。"父亲走了，走时极平静，做吉祥卧（jíxiángwò），如深眠（shēnmián）。这几天在家中给父亲守灵做七（shǒulíng zuòqī）①。说不清楚自己的心情，是自己从来没有过的伤心。

家中摆有两个人的照片，一张是爷爷，从小带我长大到大学，我在十年前送他离开。还记得那时父亲哭的样子，十年后他也只留下了一张照片。我和父亲的沟通很有限，而且无法向对方表达爱。可是我知道，他是非常爱我的。我自己生活动荡（dòngdàng），辞职（cízhí）离家，一人在别处生活，是最让他操心的。他患病期间，我们之间还因为一些事引起了误会与矛盾，父亲很伤心。

再后来，他的病情恶化，我一直挤时间守着他，喂他吃东西，逗他开心。脑转移（nǎozhuǎnyí）②晚期，他已经瘫痪（tānhuàn）在床了，但思维单纯，求生欲望（yùwàng）忽然很强，医生说他熬不过几天了，可是我不能告诉他，怕他绝望。

18. 惊吓：因意外的刺激而害怕。
19. 坦然：形容心里平静，无顾虑。
20. 安然：没有顾虑，很放心。
21. 吉祥卧：佛教的一种姿势，向右侧卧躺。
22. 深眠：深深地睡着了。（deep sleep）
23. 动荡：不稳定，不平静。
24. 辞职：辞去职务。（resign）
25. 瘫痪：身体的一部分失去运动的能力。
26. 欲望：希望，想得到某种东西或想达到某种目的的要求。

就是这样，父亲离开了。

今天在他的灵前，我把心里话都说了出来。看着他的照片，我忽然恨起老天爷（lǎotiānyé），为什么那么多人长寿（chángshòu），却只给我的父亲64年。我买了别墅（biéshù），跟他说了留一层给他，他可以跟自己爱的小女儿一起住到老，他当然很高兴。可是，为什么不给他这么一天，为什么不给我这么一天，让我能用足够的成熟与温暖去爱他。

再也没有地方可以叫一声爸爸了。我一时真不知接下来的生活怎么走。

虽然在人前我依然坚强地光彩地经营（jīngyíng）我的事业，只有自己知道，我心里对生活的热情已经快速退化（tuìhuà）死去，就像一根神经，它曾经敏感（mǐngǎn），现在无知觉了，我非常懊丧（àosàng）。

一个年轻人在父亲离去后的第一时间告诉我，我感到了一种责任。我应该将自己对生死、亲情的理解告诉她。

我给秋水回信：

"生命总是有来有去，就像春夏秋冬的转换，这是大自然的规律，亦是大自然的魅力（mèilì），连佛陀（fótuó）③都不可违背。你谈到对父亲的愧疚（kuìjiù），许多人对去世的亲人都会心怀愧疚，觉得相伴时间太少，觉得许多恩情没来得及回报（huíbào）。但人生就是如此，一切都不可能重新再来，人生的每一阶段都有其特定的思维和特点。即使回到起点，如果其他因素未变，你还照样会为人世间的风风雨雨（fēngfēngyǔyǔ）而奔波（bēnbō），人生的轨迹（guǐjì）仍会如此。

"父亲曾赋予（fùyǔ）你生命，并养育你长大，

27. 老天爷：天上主宰一切的神。（Heavens）
28. 长寿：活得时间很长。
29. 别墅：villa。

30. 经营：规划管理。

31. 退化：事物由优变劣，由好变坏，由强变弱。
32. 敏感：对外界事物反应很快。
33. 懊丧：因事情不如意而情绪低落，精神不振。

34. 魅力：吸引人的力量。
35. 愧疚：惭愧内疚。（guilt）

36. 回报：报答。

37. 风风雨雨：比喻艰难困苦。
38. 奔波：忙碌地往来奔走。
39. 轨迹：比喻人生经历的或事物发展的道路。
40. 赋予：交给（重大任务、使命等）。

希望你能用足够的成熟与温暖去爱他。

"而现在,父亲过早地离去了。

"那么,怎样才是对逝去(shìqù)亲人的最好纪念?

"以父亲对你的爱,你生活得幸福快乐恐怕才是他最深切(shēnqiè)的愿望。"

(选自"博客中国",原题《怎样才是对逝去亲人的最好纪念?》,作者柯云路,有删改)

41. 逝去:死亡。

42. 深切:真挚恳切。(deep, profound)

注释

① 守灵做七:守灵,亲人刚去世的时候,死者的晚辈轮流在灵堂守护;做七,又称烧七、七七。从死者去世之日算起四十九天内,每七天为一个祭日,分别为头七、二七、三七、四七、五七、六七、尽七。有些地方比较重视头七、三七、五七和尽七。各地习俗略有不同。

② 脑转移:原发于身体其他部位的肿瘤细胞转入大脑内。

③ 佛陀:佛。(Buddha)

练习 Exercises

 选词填空

| 博客 隐瞒 一旦 自暴自弃 退化 贪生怕死 奔波 坦然 |
| 辞职 欲望 风风雨雨 深切 赋予 轨迹 苦思冥想 宿 懊丧 |

1. 因为公司公关部只招聘30岁以下的员工,所以她为了得到这份工作不得不(　　　)自己的实际年龄,她一直担心这件事情(　　　)被公司知道,她就会失去这份工作,所以她每天都提心吊胆的。

2. 杨教授在(　　　)上发表的一篇文章,引起大家的广泛关注。

3. 现在的很多年轻人心理承受能力比较差,受到一些打击就常常(　　　)。

4. 在死亡面前,有的人(　　　),而有的人则能(　　　)面对。

5. 他前几天(　　　)了,现在四处(　　　)找工作呢!可是很难找到合适的职位,心情很(　　　)。

6. 人总是有各种各样的(　　　)得不到满足。

7. 这对老夫妻共同经历了几十年的（　　　　），依然互相关爱。

8. 孩子们能幸福快乐才是父母最（　　　　）的愿望。

9. 我昨天晚上看了一（　　　　）电视剧，今天特别没精神。

10. 每个人的人生（　　　　）并不相同，老天爷（　　　　）每个人的才能也不尽相同。

11. 别一个人坐在家（　　　　）了，还是把大家都叫来，一起讨论讨论，准能找到解决问题的办法。

12. 小王做了一个大脑手术，智力和记忆力都在迅速（　　　　），但他每天还坚持看书学习。

二　下面这几组词语意思相近或相关，请查查词典，思考一下，然后把它们在词义和用法上的主要异同点填在下面的表格里

1. 退化——退步

	退化	退步
相同点		
相异点		

2. 刻意——故意

	刻意	故意
相同点		
相异点		

3. 坦然——安然

	坦然	安然
相同点		
相异点		

4. 敏感——灵敏

	敏感	灵敏
相同点		
相异点		

三 根据文章内容选择正确答案

1. 关于"我"和秋水，下列选项不正确的是：
   A. "我"和秋水是博友
   B. 我们在几个月前见面了，成了真正的好朋友
   C. "我"和秋水常常写信，讨论社会、人生、爱情等话题

2. 关于秋水，下列说法正确的是：
   A. 我常常看秋水的博客，给她留言
   B. 她的爸爸刚刚得了癌症，但是没有钱动手术
   C. 秋水很犹豫到底要不要告诉爸爸他的病情

3. 秋水和姐姐刻意隐瞒父亲的病情，是因为：
   A. 担心父亲的心理承受不了
   B. 父亲不愿意接受化疗，而化疗的效果比较明显
   C. 担心父亲自暴自弃

4. 秋水的父亲：

   A. 猜到了自己的病情，坦然面对，安然去世了

   B. 十分偏爱自己的小女儿——秋水

   C. 深切地希望孩子们能幸福快乐地生活

5. 父亲对待死亡的态度：

   A. 自暴自弃

   B. 坦然

   C. 绝望

6. 本文的主要内容是：

   A. "我"对待死亡的态度

   B. "我"对生死亲情的理解

   C. 秋水对父亲在世前没来得及好好孝敬他而感到愧疚、懊丧

7. 关于大自然的规律，不正确的是：

   A. 生老病死

   B. 贪生怕死

   C. 春夏秋冬的转换

8. 文中提到"我"是最让父亲操心的，原因是：

   A. "我"一直与父亲生活在一起

   B. 生活动荡，辞职离家

   C. 常与父亲产生误会与矛盾

9. 关于父亲去世后"我"的生活，描述不正确的是：

   A. 对生活的热情快速退化死去

   B. "我"非常懊丧

   C. 神经非常敏感

10. 许多人对去世的亲人都心怀愧疚，原因不正确的是：

    A. 相伴时间太少

    B. 作为儿女还没足够成熟

    C. 许多恩情来不及回报

第 1 课　家庭与亲情

四　写作实战练习

问题提示和思考

　　本文的作者柯云路是中国当代著名作家。这篇文章通过他与一位网络朋友的通信，提出了一个严肃而重大的哲学命题：人应该如何看待和对待与亲人的永别。

　　人在一生中总会不可避免地面临跟他人告别，也许他们是我们爱的人，我们实在不愿跟他们永别，但在死亡面前，我们毫无力量。不过亲情的可贵之处，即对逝去生命的思念会穿越你生命剩下的时光，仿佛你们仍然在一同呼吸。所以，这也是一件很美的事。逝去的人的生命历程很美好，所以我们不该只是为他们流下悲伤的泪水，还应该受到它的鼓励，珍惜自己的生命。

写作提示

　　柯云路的这篇文章主要采用了**叙述**的方法，来交代他跟网友通信联系的过程，以及网友所遇到的家庭变故。叙述是写作中最常用的一种表达方法，就是把事情的前后经过清楚地描述出来。它的基本特点就在于陈述"过程"。通过叙述，可以展开情节，交代人物活动和事件经过等。

写作练习

步骤一：模仿与写作（模仿"问题提示和思考"中第二段话，写 150 字左右）

　　请用上以下词语，描述一下"我"对生死、亲情的理解。

> 魅力　报答　奔波　赋予　愧疚

_____
_____
_____
_____
_____

步骤二：思考

　　我对课文的_____这一部分内容感触最深，因为：_____
_____
_____
_____

小组讨论步骤一、二的内容，听一听其他同学的看法，并且补充和完善自己的想法。

_____
_____
_____
_____
_____

步骤三：写作

具体要求：

1. 文章内容：

   ① 选择一件或两件你和父母之间发生的令你难以忘怀的事情。

   ② 面对身边亲人离世或者其他生死离别的情景时，你对人生有什么感悟？

   ③ 对于父母及亲人你有过哪些遗憾，今后要如何弥补？

2. 写作方法：用叙述的写作手法，把事情的前后经过，以及你对生死、亲情的感悟清楚地写下来。

3. 使用词语：在文章中至少使用本课所学的 8 个新词语。

4. 字数：600 字左右。

步骤四：修改并定稿

完成作文后请老师提出意见，再根据老师的意见进行修改，最后抄写到作文本或稿纸上，并配上图片，也可以输入电脑再打印出来。

补充阅读与思考

父子应是忘年交

儿子考上大学时，闲话中提到费用。他忽然说："从上初中开始，我一直用自己的钱交学费。"我和妻子都吃了一惊。我们活得又忙碌又糊涂，没想到这种事。

我问他："你哪儿来的钱？"

他说："平时的零花钱，还有以前过年时的压岁钱，攒的。"

"你为什么要用自己的钱呢？"我犹然不解。

他不语。事后妻子告诉我，他说："我要像爸爸那样，一切都靠自己。"于是，我对他肃然起敬，并感到他一下子长大了。那个整天和我踢球、较量、打闹并被我爱抚地捉弄着的男孩儿已然倏忽（shūhū）远去。人长大，不是身体的放大，不是唇上出现的软髭（zī）和颈下凸起的喉结，而是一种成熟，一种独立人格的出现。但究竟他是怎样不声不响、不落痕迹地渐渐长大，忽然一天这样地叫我惊讶，叫我陌生的呢？

我把这感觉告诉朋友，朋友们全都笑了，原来在所有父亲的心目中，儿子永远是夹生的。

对于天下的男人们，做父亲的经历各不一样，但做父亲的感觉却大致相同。这感觉一半来自天性，一半来自传统。

1976年大地震那夜，我睡地铺。"地动山摇"的一瞬，我本能地一跃而起，扑向儿子的小床，把他紧紧拥在怀里，任凭双腿全被乱砖乱瓦砸伤。事后我逢人便说自己如何英勇地保护了儿子，那份得意，那份神气，那份英雄感，其实是一种自享——享受一种做父亲尽天职的快乐。父亲，天经地义是家庭和子女的保护神。天职就是天性。

至于来自传统的做父亲的感觉，便是长者的尊严，教导者的身份，居高临下的视角和姿态……每一代人都从长辈那里感受这种父亲的专利，一旦他自己做了父亲，就将这种专利原原本本继承下来了。

这是一种"传统感觉"，也是一种"父亲文化"。

我们就是在这一半天性一半传统中，美滋滋又糊里糊涂地做着父亲。自以为对儿子了如指掌，一切一切，尽收眼底，可是等到儿子一旦长大成人，才惊奇地发现自己竟然对他一无所知。最熟悉的变为最陌生的，最近的站到了最远，对话忽然中断，交流出现阻隔，弄不好还可能会失去他。

人们把这弄不明白的事情推给"代沟"这个字眼儿，却不清楚每个父亲都会面临重新与儿子相处的问题。

我想起，我的儿子自小就不把同学领到狭小的家里来玩，怕打扰我写作。我为什么不把这看做是他对我工作的一种理解与尊重？他也没有翻动过我桌上的任何一片写字的纸，我为什么没有看到文学在他心里也同样神圣？……当我把这些不曾留意的许多细节，与他中学时代就自己交学费的事情串联起来，我便开始一点点向他走近。

他早就有一个自己的世界，里边有很多发光的事物。直到今天我才探进头去。

被理解是一种幸福，理解人也是一种幸福。

当我看到了他独立的世界和独立的人格，也就有了与他相处的方式。对于一个走向成年的孩子，千万不要再把他当做孩子，而要把他当做一个独立的男人。

我开始尽量不向他讲道理，哪怕这道理千真万确，我只是把这道理作为一种体会表达出来而已。他呢，也只是在我希望他介入我的事情时，他才介入进来。我们对彼此的世界，不打扰，不闯入，不指手画脚，这才是男人间的做法。我深知他不喜欢用语言张扬情感，崇尚行动本身；他习惯于克制激动，同时把这激动用隐藏的方式保留起来。

我们的性格刚好相反，我却学会用他这种心领神会的方式与他交流。比方我在书店买书时，常常会挑选几本他喜欢的书，回家后便不吭声地往他桌上一放。他也是这样为我做事。他不喜欢添油加醋地渲染，而把父子之情看得天地一样的必然。如果这需要印证，就去看一看他的眼睛——儿子望着父亲的目光，总是一种彻底的忠诚。所以，我给他翻译的埃里克·奈特那本著名的小说《好狗莱希》（又名《莱希回家了》）写的序文，故意用了这样一个题目：忠诚的价值胜过金子。

儿子，在孩提时代是一种含意。但长大成人后就变了，除去血缘上的父子关系之外，又是朋友，是一个忘年交。而只有真正成为这种互为知己的忘年交，我们才获得圆满的做父子的幸福，才拥有了实实在在又温馨完美的人生。

（选自《河南日报》，原题《父子应是忘年交》，作者冯骥才，有删改）

第 1 课　家庭与亲情

一　读完全文，请你想一想、说一说

1. 忽然之间，父亲觉得儿子真的长大了，是通过什么事情？
2. 为什么这位父亲说对孩子的感觉是既熟悉又陌生的？
3. 父亲是如何努力摆脱传统形式的父子关系，对待儿子像对待一个独立的男人一样的？
4. 作者认为的父子关系是什么样的？你是怎么认为的？

二　回忆一下你自己感受过或正在感受着的父子、父女或母子、母女之情，想一想你有什么想对爸爸妈妈说的话，写在下面

_____
_____
_____
_____
_____
_____

第2课　人类与科技

配套资源

阅读（一）

人类的大脑太神奇了，它就像一架精密的仪器一样，每天为我们工作着，而且里面还藏着许多人类未知的秘密。一家英国媒体报道了科学家经过实验和研究后发现的有关人类大脑的10个奇妙的事实，相信你读后一定会感到新鲜和惊奇。

人脑十大奇事

两根香蕉可支撑大脑一天

据研究，大脑一天之内消耗的能量比一台冰箱内的灯光消耗的还要少，两根大香蕉就可以提供。令人惊奇的是，即使如此，大脑却显得非常有效率。大脑的重量仅占体重的3%，但它所消耗的能量却占到了人体能量消耗总量的1/6。对于大脑来说，绝大多数能量都被用于维护日常运转，而苦思冥想所消耗的能量几乎可以 忽略不计（hūlüè-bújì）。

频繁（pínfán）倒时差（dǎo shíchā）会损坏记忆

经常性倒时差会给大脑的健康带来危害。如果一个人经常在地球上飞来飞去，他的大脑将会

---

1. 忽略不计：因其微小，可以不计算在内。
2. 频繁：次数多。
3. 倒时差：使身体适应不同时区之间的作息时间。

第 2 课　人类与科技

受到损害并带来记忆方面的问题。其罪魁祸首（zuìkuí-huòshǒu）可能是大脑在人们频繁倒时差的过程中释放（shìfàng）的应激激素（yīngjī jīsù）①，应激激素会损坏记忆。不过，一般人完全不必为此恐慌（kǒnghuāng），除非您为航空公司工作，否则很少有人几乎每两个星期就在多个时区（shíqū）之间飞行一次。此外，工作时间不固定（gùdìng）的人也面临同样的危险。与经常性倒时差一样，频繁改变工作时间，如此日复一日（rìfùyírì）也会给身体和大脑带来压力。

大脑很难分辨（fēnbiàn）噪音（zàoyīn）中的来电

在一个喧闹（xuānnào）的环境中打手机是相当困难的。噪音会与手机中对方的声音混在一起，这样，大脑的负担就增加了。由于这些声音相似并混合在一起，大脑很难将它们分辨出来。此时，如果将另一只耳朵捂（wǔ）住，效果就会好很多。

电子枪战（qiāngzhàn）游戏有益大脑

如果能持续（chíxù）紧张地处理多项任务，大脑同时处理多个事情的能力就会得到提高。一个有效的锻炼方法就是玩儿电脑枪战游戏，你必须在敌人打中你之前尽可能地打败他们。这种游戏要求你将注意力在屏幕（píngmù）上进行有效的分配，这样，你就可以迅速发现敌人并作出反应。

虽然我们不应鼓励孩子们玩儿电子枪战游戏，但我们也应该了解这些游戏有其可取之处（kěqǔ zhīchù）。

4. 罪魁祸首：作恶犯罪的头子。比喻引起祸患的主要原因。
5. 释放：把所含物质或能量放出来。
6. 恐慌：因担忧、害怕而慌张不安。
7. 时区：按统一标准分区计时，将地球表面按经度分为24区。（time zone）
8. 固定：不变动或不移动的。
9. 日复一日：一天又一天，比喻时间长。

10. 分辨：分析辨别。
11. 噪音：听起来不和谐的声音。
12. 喧闹：喧哗热闹，吵闹。

13. 捂：严密地遮盖住或封闭起来。

14. 枪战：用枪战斗。
15. 持续：无间隔，连续不断。

16. 屏幕：用来显示文字、图像的装置。（screen）

17. 可取之处：可以吸取的地方，优点。

23

大脑有个"笑话中心"

不管听哪种笑话，大脑中央前额（qián'é）皮层有一个区域都比较活跃，而且其活跃程度与笑话的可笑程度明显相关（xiāngguān），这个区域就是大脑前部的额叶（éyè）②。此前的研究表明，这一区域与获得报偿（bàocháng）和奖励的愉快感觉有关。大脑通过不同的途径接受笑话，然后将其传递到这一区域，从而评估（pínggū）值不值得为这个笑话发出笑声。

大脑对序列（xùliè）情有独钟（qíngyǒudúzhōng）

对于很多人来说，记住一首歌或者一首歌的某些段落（duànluò）相当困难，但对序列的记忆却情有独钟。其实，人们在生活中总是不得不记住一些序列性的东西，例如记住高速公路出口的名字等。只有记住这些序列，每天的生活才可能有效地进行。

大脑误会让人见光打喷嚏（dǎ pēntì）

有的人一见到阳光或灯光就鼻子发痒，容易打喷嚏。还有的人打不出喷嚏时，看到强光后一下子就打了出来。这是为什么呢？

打喷嚏的作用相当明显，那就是将进入鼻腔的异物（yìwù）驱逐（qūzhú）出去。打喷嚏的控制中心位于大脑内部的一个区域，这个区域的损伤就意味着我们失去打喷嚏的能力。由于眼睛和鼻子的知觉（zhījué）受到同一条三叉神经③的支配，当强烈阳光进入眼睛时，喷嚏控制中心常常误以为是对鼻子的刺激，所以以喷嚏的形式将其异物驱逐出去。

---

18. 前额：眉毛以上，发际以下的部分。
19. 相关：彼此关联。
20. 报偿：报答和补偿。
21. 评估：评价和估量。
22. 序列：按某种标准排列的顺序。
23. 情有独钟：对某一事物特别喜欢，专注。
24. 段落：（文章、事情）根据内容划分成的部分。
25. 打喷嚏：鼻子受刺激，急剧吸气，并由鼻中急速喷出，同时发出声音的生理现象。（sneeze）
26. 异物：不应进入而进入或不应存在而存在的东西。
27. 驱逐：赶走，使离去。
28. 知觉：受刺激后对事物的感受（如视觉、听觉、嗅觉、触觉等）。

第 2 课　人类与科技

人不能自己挠痒痒（náo yǎngyang）自己笑

当别人替你挠痒痒的时候，你会大笑不止，但当你自己给自己挠痒痒时，却从来不会发出笑声，这是为什么呢？原来，在别人给你挠痒痒时发出笑声，这是人类的一种与生俱来（yǔshēng-jùlái）对抗恐惧的本能（běnnéng）反应，它是人的小脑（xiǎonǎo）④在起作用。当人自己挠自己时，人的小脑会发出一个信号，告诉大脑的其他部分，不要对这种刺激给予反应。但是，当被别人挠痒痒时，即使人预先知道，但小脑却仍会发出警告信号，大脑会对外来刺激立刻做出反应，人就会发出笑声。

打哈欠（dǎ hāqiàn）让大脑变得清醒

虽然打哈欠常常与困意（kùnyì）联系在一起，但它的实际作用却是让大脑变得清醒。打哈欠使更多的空气进入肺部，这样，更多氧气便进到我们的血液里，我们因此变得更为机敏（jīmǐn）。许多脊椎动物（jǐzhuī dòngwù）⑤都有打哈欠的能力，这其中包括所有的哺乳动物（bǔrǔ dòngwù）⑥以及半数以上的鸟类。胎儿（tāi'ér）在12周以后就会打哈欠了。

高度能让大脑产生幻觉（huànjué）

当达到一定高度的时候，人们会有一些幻觉，有时候甚至会有情感上的突变（tūbiàn）。在攀登到海拔2400米以上之后，许多登山者会突然看不见身边的同伴，一些人还会看见有光从自己或者其他人身上发射出来，有些人甚至看到了自己的第二个身体，或者突然有种恐惧（kǒngjù）感。在科学

---

29. 挠痒痒：用手指轻轻地抓皮肤表面。

30. 与生俱来：天生的，出生时就有的。
31. 本能：人类和动物不用学就会的本领。

32. 打哈欠：困倦时嘴张开，深深吸气，然后呼出的生理现象。（yawn）
33. 困意：想睡觉的感觉。

34. 机敏：对情况的变化觉察得快。

35. 胎儿：母体内的幼体。（fetus）

36. 幻觉：视觉、听觉等方面出现的虚假感觉。

37. 突变：突然的或急剧的变化。

38. 恐惧：害怕、惧怕。

家看来，这只不过是一种高原病。由于缺氧，大脑内部控制视觉、听觉甚至情感活动的区域受到了干扰，从而使人产生各种各样的幻觉。

（选自《西江月》，原题《人类头脑10大奇事》，作者赵海建，有删改）

注释

① 应激激素：机体为了应对突然出现的刺激而产生的激素。（stress hormone）
② 额叶：是大脑发育中最高级的部分，与人的记忆、语言、智力、人格等发育密切相关。（frontal lobe）
③ 三叉神经：是面部最粗大的神经，支配脸部、口腔、鼻腔的感觉和咀嚼肌的运动，并将头部的感觉信息传送至大脑。（trigeminal nerve）
④ 小脑：在大脑的后下方，是后脑的一部分，主要作用是对人体的运动起协调作用。（cerebella）
⑤ 脊椎动物：有脊椎骨的动物，包括鱼类、鸟类、两栖动物、哺乳动物、爬行动物等。（vrtebrata）
⑥ 哺乳动物：是一种恒温、脊椎动物，大都是胎生，通过母体的乳汁哺育后代。常见的哺乳动物有猫、狗、虎、鼠、象等。（mammal）

练习 Exercises

一 根据下面的解释写出相应的词语

1. 人类和动物不用学就会的本领　　　　　　　　　　　（　　　　）
2. 把所含物质或能量放出来　　　　　　　　　　　　　（　　　　）
3. 无间隔，连续不断　　　　　　　　　　　　　　　　（　　　　）
4. （文章、事情）根据内容划分成的部分　　　　　　　（　　　　）
5. 对情况的变化觉察得很快　　　　　　　　　　　　　（　　　　）
6. 赶走；使离去　　　　　　　　　　　　　　　　　　（　　　　）
7. 因担忧、害怕而慌张不安　　　　　　　　　　　　　（　　　　）
8. 一天又一天，比喻时间长　　　　　　　　　　　　　（　　　　）
9. 比喻引起祸患的主要原因　　　　　　　　　　　　　（　　　　）
10. 严密地遮盖住或封闭起来　　　　　　　　　　　　（　　　　）
11. 对某一事物特别喜欢，专注　　　　　　　　　　　（　　　　）

第 2 课　人类与科技

12. 天生的，出生时就有的　　　　　　　　　　　　（　　　　）
13. 视觉、听觉等方面出现的虚假感觉　　　　　　　（　　　　）
14. 因其微小，可以不计算在内　　　　　　　　　　（　　　　）
15. 突然发生的变化　　　　　　　　　　　　　　　（　　　　）

二　根据文章的内容，判断下面句子是否正确

☐ 1. 大脑一天消耗的能量不比一台冰箱消耗的少。

☐ 2. 大脑冥思苦想会消耗更多能量。

☐ 3. 损坏记忆的罪魁祸首是频繁倒时差。

☐ 4. 在嘈杂的屋子里接电话时，将另一只耳朵捂住，更容易分辨电话里的声音。

☐ 5. 所有的电子游戏都有益于提高大脑处理事情的能力。

☐ 6. 很多人记住一首歌或者一首歌的某些段落很难。

☐ 7. 打喷嚏可以让大脑清醒。

☐ 8. 打喷嚏的控制中心位于大脑中央的前额皮层，这个区域的损伤意味着我们失去打喷嚏的能力。

☐ 9. 鸟类和半数以上的哺乳动物出生 12 周以后就会打喷嚏了。

☐ 10. 高原病是由于缺氧，大脑内部控制视觉、听觉甚至情感活动的区域受到了干扰而产生幻觉的症状。

三　根据文章内容，用指定的词语完成下面的问题。请不要照抄课文，清楚地理解课文内容后，尽量用自己的话来写

1. 电子枪战游戏的可取之处在于：＿＿＿＿＿＿＿＿
＿＿＿＿＿＿＿＿＿＿＿＿＿＿＿＿＿＿＿＿＿＿
＿＿＿＿＿＿＿＿＿＿＿＿＿＿＿＿＿＿＿＿＿＿
＿＿＿＿＿＿＿＿＿＿＿＿＿＿＿＿＿＿＿＿＿＿

> 持续　多项　注意力
> 有效　……并……

2. 有些人见光打喷嚏的科学原因是：＿＿＿＿＿＿＿
＿＿＿＿＿＿＿＿＿＿＿＿＿＿＿＿＿＿＿＿＿＿
＿＿＿＿＿＿＿＿＿＿＿＿＿＿＿＿＿＿＿＿＿＿
＿＿＿＿＿＿＿＿＿＿＿＿＿＿＿＿＿＿＿＿＿＿

> 异物　驱逐
> 误以为……　刺激

3. 人不能自己挠痒痒自己笑是因为：＿＿＿＿＿＿＿

_____

_____

_____

> 与生俱来　本能
> 当……时　给予
> 反应

四 写作实战练习

问题提示和思考

本文是科学家经过实验和研究后发现的有关人类大脑的10个奇妙的事实。请你仔细阅读文章并列出与大脑相关的六个名词和六个动词（可以是生词，也可以不是生词）：

与大脑相关的名词有：
（1）＿＿＿＿＿＿　（2）＿＿＿＿＿＿　（3）＿＿＿＿＿＿
（4）＿＿＿＿＿＿　（5）＿＿＿＿＿＿　（6）＿＿＿＿＿＿

与大脑相关的动词有：
（1）＿＿＿＿＿＿　（2）＿＿＿＿＿＿　（3）＿＿＿＿＿＿
（4）＿＿＿＿＿＿　（5）＿＿＿＿＿＿　（6）＿＿＿＿＿＿

继续查阅工具书或网络，再记录与大脑相关的三个名词和三个动词：

与大脑相关的名词有：
（1）＿＿＿＿＿＿　（2）＿＿＿＿＿＿　（3）＿＿＿＿＿＿

与大脑相关的动词有：
（1）＿＿＿＿＿＿　（2）＿＿＿＿＿＿　（3）＿＿＿＿＿＿

写作提示

在本文十大奇事中多次使用了说明文中常用的**诠释**的写作手法。比如文章当中说明频繁倒时差会损害记忆时，解释为可能是大脑在人们频繁倒时差的过程中释放的应激激素，应激激素会损坏记忆。

第 2 课　人类与科技

　　所谓"诠释",就是从一个侧面就事物的某一个特点做出解释。通过诠释法的运用,对事物的特征、事理加以具体地解释说明,使说明更通俗易懂。

写作练习

步骤一:分组讨论

　　注意观察"人脑的十大奇事"在生活中的表现,记录几件你觉得与此相关而又让你印象深刻的事,尽量用"问题提示和思考"中找到的词语。

第一件事:_____

_____

_____

第二件事:_____

_____

_____

第三件事:_____

_____

_____

步骤二:讨论后列出大纲

　　分组。每位同学把"人脑十大奇事"在生活中的表现报告给小组成员,小组成员之间互相交流、补充,并简单记录下来。

同学一:_____

_____

_____

同学二:_____

_____

_____

同学三:_____

_____

_____

步骤三：写作

具体要求：

1. 文章内容：
   ① 使用并扩展一些和大脑活动相关的词汇。
   ② 记录几件与大脑相关而又让你印象深刻的奇事。
   ③ 查找资料，尝试分析说明这几件事发生的科学原因。
   ④ 注意说明时要具有科学性、条理性，语言要准确生动。
2. 写作方法：对所记录下来的"人脑十大奇事"在生活中的表现以及与此相关的事情进行整理，并运用诠释的写作手法，对原因加以具体地解释说明。
3. 使用词语：在文章中至少使用本课所学的或扩展的 8 个新词语。
4. 字数：600 字左右。

步骤四：修改并定稿

完成作文后请老师提出意见，再根据老师的意见进行修改，最后抄写到作文本或稿纸上，也可以输入电脑再打印出来。

阅读（二）

以前，一般人对于血型的认识大概只是化验后的结果，做手术或献血、输血时的选择，现在，越来越多的人对血型和人的生理、心理的关系感兴趣，并且有了很多研究这个问题的科学家。有研究表明，不同血型的人确实存在着不同的生理特质，其适合的生活方式与容易患的疾病也各有不同。读了下面的文章，你会对血型有新的认识。

血型中的科学

演化（yǎnhuà）的血型人类学

O 型血是人类学上最古老的一种血型，约在 10

1. 演化：发展变化。

第2课　人类与科技

万年前，地球上大部分地区只有O型血的人群，他们以狩猎（shòuliè）和采集（cǎijí）果子为生，其特点是对高蛋白①食物非常适应，但对谷物（gǔwù）吸收极差。O型血的人身体特质（tèzhì）与原始人比较接近。

随着人类的生活方式由渔猎（yúliè）时代逐渐转变为农业时代，才开始演化出A型血，这类人适合以蔬菜为主的食物，某些植物蛋白质，如大豆（dàdòu）蛋白质对他们来说是最佳健康食品，常食可减少心血管病②和癌症（áizhèng）③发病（fābìng）率。B型血在人类学上出现比A型血更晚，最早的B型血的人是游牧民族（yóumù mínzú）④，因而对肉类和乳类（rǔlèi）食品相当适应，但对这类人来说，鸡肉、玉米、大部分坚果（jiānguǒ）却并不是健康食品。因此A型和B型是比较近代才出现的血型，体质接近农业时代。

AB型血是在经过各部族（bùzú）的融合（rónghé）之后才出现的，是最晚出现也是最稀少的血型，在总人口中所占比例不到5%。这类人有部分A型血和部分B型血的特征，既复杂又多变。他们既适应动物蛋白，也适应植物蛋白。AB型血是最现代的体质，与生俱来的免疫机能（miǎnyì jīnéng）⑤较能适应多变环境。

2. 狩猎：捕捉野生动物。
3. 采集：搜集，收集。
4. 谷物：谷类作物的种子。（grain）
5. 特质：特有的性质。

6. 渔猎：捕鱼和打猎。

7. 大豆：黄豆、青豆和黑豆的统称。（soybean）

8. 发病：某种疾病在身体内开始发生。

9. 乳类：用奶制作的食品。
10. 坚果：有壳的果实。（nut）

11. 部族：生活在一起，有某种社会关系的群体。
12. 融合：几种不同的事物合成一体。

血型学说与饮食

血型不同，体质也不同，对食物的消化能力也大不相同。因此了解不同血型的消化能力，我们就可以避免食用不易消化的食品，补充必要的食物。

O型血的人，其消化器官的消化能力很强，拥有对食物过剩（guòshèng）做出反应的免疫系统。这类血型的人饮食中最不可缺少的是动物性蛋白质，也就是肉类及鱼类等。O型血的人可以放心大胆地多吃肉，但所吃的不应该是肥肉（féiròu），最好是瘦肉（shòuròu），食用饲料（sìliào）中没有使用化学物质的牛羊肉和禽肉等比较合适。推荐O型血的人吃肉食是由于他们的胃酸（wèisuān）多，对肉食容易消化，容易代谢（dàixiè）。至于鱼类，可以多多食用鳕鱼（xuěyú）、青花鱼（qīnghuāyú）等北方海域（hǎiyù）所产的油多的鱼。O型血的人应尽量避免过多食用谷物类和面包类的食品，因为谷物类食品和面包中所含的外源凝集素（wàiyuán níngjísù）⑥会妨碍O型血的代谢，容易发胖。

与O型血的人相比，A型血的人消化器官要弱得多。对于这类血型的人来说，如果想要减肥或增进健康，那么食物应以蔬菜为主，其中最合适的是大豆等豆类食品，绝对不能缺少的是豆腐。特别是如果想保持好身材，那么最好多补充植物性蛋白质，少吃肉类食品，这样，体重才容易控制。除了肉类食品外，最好避免食用以纯乳为原料制作的食品。如果要吃，可以少量吃些酸奶（suānnǎi）以及乳酒、无脂肪（zhīfáng）的酸奶油等发酵（fājiào）乳制品。特别是对于A型血中患有过敏（guòmǐn）症及呼吸器官（qìguān）疾患（jíhuàn）的人来说更应如此。

与A型血和O型血的人相比，B型血的人体

---

13. 过剩：数量远远超过限度，剩余过多。
14. 肥肉：含脂肪多的肉。（fat meat）
15. 瘦肉：含蛋白质多的肉类。（lean meat）
16. 饲料：饲养家禽、家畜的食物。（forage）
17. 胃酸：指胃液中的盐酸。（gastric acid）
18. 代谢：交替更换。
19. 鳕鱼：gadus。
20. 青花鱼：mackerel。
21. 海域：指海洋的一定范围。
22. 酸奶：yogurt。
23. 脂肪：生物体内储存能量的物质。（fat）
24. 发酵：指复杂的有机物在微生物作用下分解成比较简单的物质。如发面、酿酒等都是发酵的应用。（ferment）
25. 过敏：对某些物质或物理状况所产生的病理反应。（allergic）
26. 器官：生物体的分化结构。如动物的胃、心、肺，植物的根、茎等。
27. 疾患：〈书〉疾病。（organ）

第 2 课　人类与科技

内较容易取得平衡，拥有较强的免疫系统。这种血型的人基本上属于身体强壮（qiángzhuàng）的那一类，对心脏病及癌症等众多现代疾病具有抵抗能力。在吃的方面 B 型血的人可以说是最受上天（shàngtiān）恩宠（ēnchǒng）的，无论是动物类还是植物类，几乎什么东西都能吃。

　　首先说肉类方面，最好吃脂肪少的瘦肉。鱼类方面，鳕鱼等油多的鱼最适合 B 型血的人。乳制品也可以吃，据说只有 B 型血的人几乎所有乳制品都能吃。但对于 B 型血的人来说，导致肥胖的罪魁祸首是土豆、花生以及小麦等食品。这些东西会导致 B 型血的人代谢效率降低，会使所吃食物以脂肪的形式储存（chǔcún）起来。虾、蟹（xiè）和鸡肉等也含有对 B 型血的人有害的外源凝集素，所以应该少吃。

　　AB 型血是 A 型血与 B 型血的混合型血，对于饮食生活及环境的变化能够随机应变（suíjī-yìngbiàn）。但是，由于其消化器官比较弱，基本上 A 型血和 B 型血的人不宜的食品，AB 型血的人也不宜（bùyí）食用。不过也有例外。首先是肉类，一定要摄取（shèqǔ）肉类蛋白质，但是要少。理想的是小羊和母羊的肉。牛肉不太好，鸡肉更不好。对 AB 型血的人来说，最适合的蛋白质是鱼类和贝（bèi）类蛋白质，此外鸡蛋也不错。对于家庭成员中患有乳腺癌（rǔxiàn'ái）⑦的 AB 型血的女性来说，蜗牛（wōniú）是特别好的食品。

　　对于 AB 型血的人来说，食用乳制品的注意事项（shìxiàng）与 A 型血的人一样，以豆腐为主的饮食生活最适合。如果希望保持好身材，食用少量

28. 强壮：(身体)结实，有力气。

29. 上天：古人观念中的万物主宰者，能降祸福于人。
30. 恩宠：恩惠与宠爱。

31. 储存：把东西存放起来。
32. 蟹：一种水生动物，全身有硬壳，8条腿和1对钳子。(crab)

33. 随机应变：随着情况变化灵活机动地应付。

34. 不宜：不适合。

35. 摄取：吸收，吸取。

36. 贝：生活在水边的硬壳软体动物。(shellfish)

37. 蜗牛：一种螺类动物，是陆地上常见的软体动物。(snail)
38. 事项：事情的项目。(item)

肉类，但一定要吃蔬菜。土豆、荞麦是肥胖的"罪魁祸首"，应少食用。

血型人类学从上述（shàngshù）生理学角度阐述（chǎnshù）不同血型的人所具有的不同特征，它与"血型性格"之类的东西不同，不是伪科学（wěikēxué）⑧，而是具有一定科学价值的。

（选自《大科技（科学之迷）》，原题《血型中的科学》，作者刘英，有删改）

39. 上述：前面所叙述的。
40. 阐述：论述，说明。

注释

① 高蛋白：指食物的蛋白质含量高。（high protein）
② 心血管病：是一系列涉及人体内运送血液的器官和组织的疾病。（cardiovascular diseases）
③ 癌症：各种恶性肿瘤的统称。（cancer）
④ 游牧民族：指的是以游牧为主要生活方式的民族。（nomads）
⑤ 免疫机能：抵抗和防止病毒感染的一种生理功能。（immunologic function）
⑥ 外源凝集素：是植物合成的一类对红细胞有凝聚作用的糖蛋白。（lectins）
⑦ 乳腺癌：女性乳腺最常见的恶性肿瘤之一。（breast cancer）
⑧ 伪科学：指把没有科学根据的非科学理论或方法宣称为科学的某种主张。（pseudo-science）

练习 Exercises

一 根据下面的解释写出相应的词语

1. 几种不同的事物合成一体 （　　　）
2. 对某些物质或物理状况所产生的病理反应 （　　　）
3. 发展变化 （　　　）
4. 数量远远超过限度，剩余过多 （　　　）
5. 含脂肪多的肉 （　　　）
6. 论述，说明 （　　　）
7. 复杂的有机物在微生物作用下分解成简单的物质 （　　　）
8. 把东西存放起来 （　　　）
9. 古人观念中的万物主宰者，能降祸福于人 （　　　）

第 2 课　人类与科技

10. (身体)结实,有力气　　　　　　　　　　　　(　　　)
11. 随着情况的变化灵活机动地应付　　　　　　　(　　　)
12. 不适合　　　　　　　　　　　　　　　　　　(　　　)

二 下面这几组词语意思相近或相关,请查查词典,思考一下,然后把它们在词义和用法上的主要异同点填在下面的表格里

1. 机敏——灵敏

	机敏	灵敏
相同点		
相异点		

2. 摄取——吸取

	摄取	吸取
相同点		
相异点		

3. 探讨——讨论

	探讨	讨论
相同点		
相异点		

4. 融合——混合

	融合	混合
相同点		
相异点		

三 根据文章内容选择正确答案

1. 根据课文，人类血型出现的先后顺序是：
   A. O 型—A 型—AB 型—B 型
   B. O 型—A 型—B 型—AB 型
   C. O 型—B 型—AB 型—A 型

2. O 型血人群的特点是：
   A. 适应高蛋白质食物
   B. 最现代的体质
   C. 对谷物吸收极强

3. 哪一种血型的人群比较适合做素食主义者：
   A. O 型　　　　　B. A 型　　　　　C. B 型

4. 最稀少的血型是：
   A. A 型　　　　　B. B 型　　　　　C. AB 型

5. 不同血型的人吃了过多的肉，哪种血型的人能最快地消化掉：
   A. O 型　　　　　B. B 型　　　　　C. AB 型

6. 关于 A 型血人群的说法正确的是：
   A. 最早的 A 型血出现于游牧民族
   B. A 型血的人适合吃脂肪少的瘦肉
   C. A 型血的人要想保持好身材最好多补充植物性蛋白质

7. 关于 B 型血的人群说法错误的是：
   A. B 型血的人对肉类和乳类食品相当适应

B. B 型血的人消化能力最好

C. 吃高脂肪食物对 B 型血的人有益

8. 关于 AB 型血人群的说法错误的是：

　　A. AB 型血的人是由各部族融合才出现的

　　B. AB 型血的人适应能力最强

　　C. AB 型血的人既适应植物蛋白，也适应动物蛋白，所以任何食物对他们来说都有益

9. 关于 O 型血人群的说法错误的是：

　　A. O 型血的人群是最早出现在地球上的

　　B. O 型血的人不可以多吃肉类食物

　　C. O 型血的人群体质接近渔猎时代

10. 下列说法正确的是：

　　A. 不同血型的人有着不同的生理特质

　　B. 血型对于人的性格有着重要的影响

　　C. 血型性格同血型人类学一样，都具有一定的科学价值

11. 哪种血型是最现代的体质：

　　A. O 型　　　　B. B 型　　　　C. AB 型

12. 外源凝集素对何种血型有危害：

　　A. O 型　　　　B. A 型　　　　C. AB 型

四　写作实战练习

问题提示和思考

　　本文是一篇科学研究的文章，文中表明不同血型的人确实存在着不同的生理特质，其对食物的消化能力、适合的生活方式与容易患的疾病都大不相同。

　　请用上以下词语，概括一下这篇文章的主要内容。

　　　　血型　消化　与生俱来　随机应变　摄取

写作提示

本文在几处用了**作比较**的写作手法。一处是与 O 型血的人相比,A 型血的人消化器官要弱得多;另一处是与 O 型血和 A 型血相比,B 型血的人体内较容易取得平衡,拥有较强的免疫系统。

作比较的写作手法,是把两种类别相同或不同的事物、现象等加以比较,以说明事物的特征,作用是突出强调事物的某种特征,使读者通过对比得到具体而鲜明的印象。

写作练习

步骤一:分组讨论

小组成员之间讨论血型除了与身体特质有关外,还与人的性格有什么关系。可以每个人先介绍一下自己的血型与性格,如果与其他组员血型相同,可以相互补充。

我们小组的成员的血型有:_____

_____

_____

步骤二:讨论后列出大纲

	特点一	特点二	特点三
A 型血			
B 型血			
AB 型血			
O 型血			

第 2 课　人类与科技

步骤三：写作

具体要求：

1. 文章内容：
   ① 通过分析自己与其他成员的血型，说明血型与性格的关系。
   ② 分析不同血型及相对应的性格特点，在现实生活中和人际交往中应如何借鉴运用。
   ③ 查找科学研究文章，要注明引用部分的出处。
2. 写作方法：按照 A、B、AB、O 四种血型与性格的对应关系，并借鉴"作比较"的写作手法，把四种常见血型加以比较，使读者通过比较得到具体而鲜明的印象。
3. 使用词语：在文章中至少使用本课所学的 8 个新词语。
4. 字数：700 字左右。

步骤四：修改并定稿

完成作文后请老师提出意见，再根据老师的意见进行修改，最后抄写到作文本或稿纸上，也可以输入电脑并打印出来。

补充阅读与思考

未来家庭畅想

工业革命、高科技的发展及全球局势的动荡对传统的家庭会带来哪些影响呢？让我们冲破传统伦理与观念，透过魔幻的水晶球，占卜一下未来的家庭吧。

现代文明面临的危机难免会波及传统的家庭模式。古往今来，家庭都被视为温暖的避风港湾，工作劳顿一天，经过城市司空见惯的交通堵塞后回到家中，人们才得以彻底放松。这种感觉非常温馨、美好，但却显得异常脆弱。众多社会心理学家认为，现代家庭正面临深刻的危机，将来的情况或许会更糟。导致"社会基本组成细胞"破裂的主要原因无非是工业革命、高科技的发展和困扰全球的局势动荡。不过，仍有少数乐观主义者认为，家庭不仅不会消失，还会发挥更为举足轻重的作用，成为光怪陆离的现代社会中惟一的希望之船和稳定支柱。

未来社会面临的主要问题正是人际交往问题。新兴的亚洲国家已经深刻地体会到了这一点。新加坡专为那些终日埋头于文山案牍、苦干于电脑桌前、拙于跟他人交流的青年精英，安排了非常浪漫的旅行。政府出面租下豪华游船，同时邀请许多活泼的大学"蓝袜"女生同游，用心良苦，不言自明。

网络爱情

心理学家总喜欢不停地敲警钟：现代年轻人较之现实交往，更喜欢虚拟世界的交流。或许这是地球本身的自我调节功能使然，以此来解决人口负荷过重的问题：因为仅仅停留于网络爱情，不会生出小孩……

体外生育

除了虚无缥缈的网络爱情，对家庭造成冲击的还有现代科技，例如克隆。虽然人及其克隆体暂时还无法脱离子宫孕育，许多国家的法律也明令禁止人体克隆，但科学发展的步伐是任何东西都阻挡不了的。传统社会出生的女子一直将生养后代视为最重要的人生使命，而如果在幼儿园就开始向孩子介绍避孕药丸，进行柏拉图式的精神教育，那样成长起来的孩子又会怎样？如果以后婴儿并非在母亲的子宫中孕育而是直接在体外长成，他脑海中关于母亲的概念又将如何？赡养费的问题也会变得非常现实，法学家们将不得不制定新的法律，因为未来的孩子很可能不止两个家长。

职业家长

现在，生育年龄可能是16岁，也可能是40岁。但如果是16岁，道德因素和经济状况值得考虑；如果是40岁，母婴的健康又令人堪忧。因为父母年龄越高，其基因突变的危险性就越大。不过，随着医学的发展，产妇将不受年龄限制。过去困扰职业女性的问题——事业与孩子不可兼得，今后可以迎刃而解。五六十岁当母亲也很正常。

当然，20岁时也可以生下婴儿，不妨将其交给职业家长抚养。对母亲来说，这听起来显得有些荒诞。但这些职业家长都取得过与儿童抚养教育相关的高等文凭，经过层层选拔才能上岗，每年还要进行再培训，他们的经验不可小觑。

为什么需要这一职业？因为大多数人不仅工作负担过重，还由于某些心理上的原因（如因疲劳造成的精神紧张，因失意引起的落落寡欢），难以好好抚养孩子。职业家长的出现可以缓解燃眉之急。

共享家庭

在未来，对生存及幸福自由生活的愿望，使得人们同意分享财产、房屋或其他所拥有的物品。20世纪时，实际上已经有人尝试过这种生活模式。现在共享理念已经影响了人们的生活，中国的大街小巷各式各样的共享单车供行人取用。将来共享家庭模式，或许也会大大改变人们的生活。

同性父母

有这样一个笑话。小男孩正在玩耍，阳台上出现了一个中年男子的身影："瓦夏，快回家！""知道了，爸爸！""跟你说过多少次了，我不是爸爸，我是妈妈！"美国著名未来学家托夫勒认为，笑话中的场景在不久的将来同样可能成为现实，因为同性恋者也可以领养孩子。

（选自《书摘》，原题《未来家庭畅想》，作者林朝晖，有删改）

一　读完全文，请你想一想、说一说

1. 古往今来，家庭都被视为温暖的避风港湾。家庭之所以具有这么重要的作用，原因是什么？
2. 悲观主义者和乐观主义者对于未来家庭如何存在有不同的设想，分别是什么？

二　请你设想一下未来的社会和家庭是什么样子的

_____
_____
_____
_____

第 3 课　社会与发展

配套资源

阅读（一）

有这样一种形式，它会给每位参加者开设一个账户来记录时间的收支情况，收入一次，说明自己为别人提供了一次帮助，反过来，支付一次，说明自己接受了别人的帮助。这就是"时间银行"。

温暖的"时间银行"

从第一家"时间银行"成立至今，美国已有 115 家"时间银行"，还有 100 余家正在<u>筹备</u>（chóubèi）中，并已经<u>蔓延</u>（mànyán）到世界各个角落，<u>受益者</u>（shòuyìzhě）近 2 亿人。

"时间银行"<u>模式</u>（móshì）是这样的：每个人工作时间都是平等的，任何人都可以用自己的一小时服务，换别人的一小时服务；而且不用马上兑换服务，先在"时间银行"储存起来，需要时再提出来<u>换取</u>（huànqǔ）别人的服务。

与原始的物物交换不同，"时间银行"的所有顾客，不用互相提供服务，每个人的所有工作，最终以"时间<u>币</u>（bì）"的形式体现价值，无论为别人做什么事情，每工作一小时的报酬均为 1 个"时间币"。

1. 筹备：事先计划准备。
2. 蔓延：向周围扩散。
3. 受益者：得到好处的人。
4. 模式：事物的标准样式。（model）
5. 换取：用交换的方法获得。
6. 币：交换各种商品的媒介，如货币。（currency）

第 3 课　社会与发展

"时间货币"与一般货币不同，它不像传统货币那样，可能因汇率（huìlǜ）贬值（biǎnzhí）而导致财产缩水（suōshuǐ），它不仅不会贬值，还可以储存，也可以转让（zhuǎnràng），甚至还能预支（yùzhī），交易时也不用纳税（nàshuì）。

开始时，不少人对"时间银行"持（chí）观望（guānwàng）态度，随着时间的流逝，越来越多的人意识到，"时间银行"不仅为他们带来不少珍贵的"附加价值①"，比如通过帮助他人扩大了交际范围，改善了与邻居的关系，加强了社区（shèqū）意识，还可以学到不少技能。家住宾州②的28岁姑娘玛利亚，计划于今年5月结婚。而就在筹备婚礼（hūnlǐ）时，因资金紧张而苦思冥想。关键时刻，她想到了所在社区的"时间银行"，便提出自己用一个月时间，以担任医疗翻译、帮人照顾宠物（chǒngwù）等方式来储存"时间币"，再用这些"时间币"换取自己婚礼的所需，希望能多多获益（huòyì）。

一个月后，玛利亚赚到了足够的"时间币"，然后欢天喜地（huāntiān-xǐdì）地举行了婚礼。婚礼当天，和她一样在"时间银行"赚取"时间币"的一位化妆师，为她化出了一个独一无二（dúyī-wú'èr）的新娘（xīnniáng）妆，另一位在"时间银行"工作的蛋糕师，也为她送来了一个7层高的结婚蛋糕，这些都让玛利亚喜出望外（xǐchūwàngwài）。整场婚礼隆重（lóngzhòng）而热烈，刚好花去了玛利亚一个月所赚取的200个"时间币"。计算下来，为她节省了大约2000美元。玛利亚说："如果单靠自

7. 汇率：两个国家货币兑换的比率。（exchange rate）
8. 贬值：价值降低；本国货币对外币的比价降低。（depreciate）
9. 缩水：价值减少，多形容财产、衣物等。
10. 转让：把东西或权利让给他人。
11. 预支：预先支付、借领工资等款项。
12. 纳税：交税。（pay taxes）
13. 持：采取，主张。
14. 观望：怀着犹豫的心情观察事物的发展变化。
15. 社区：在某地域内相互关联的人们组成的社会生活共同体。（community）
16. 婚礼：庆祝一段婚姻开始的仪式，代表结婚。（wedding）
17. 宠物：家养的受人喜爱的小动物，如猫、狗等。（pet）
18. 获益：得到利益、好处。
19. 欢天喜地：形容非常高兴。
20. 独一无二：没有相同的或者没有可以相比的，形容十分稀少。
21. 新娘：新婚的妻子称作新娘。（新婚的丈夫称作新郎）
22. 喜出望外：遇到没有想到的好事而非常高兴。
23. 隆重：盛大庄重。

43

己的力量，去规划哪怕是一件简单的小事，不仅要花费我不少美元，还要浪费许多时间和精力，但借助（jièzhù）'时间银行'，一切都很容易得到解决，确实一举两得（yìjǔ-liǎngdé）！"

一家社区"时间银行"的经理劳拉说："在目前全球经济正处于复苏（fùsū）阶段的关键时期，'时间银行'可以帮助人们发挥想象力，让社区的资源得到最大利用，这是从未有过的。"

79岁的史蒂文森女士退休前是一位大学教授，当看到小区（xiǎoqū）许多人因工作压力大而生病时，她主动放弃了安逸（ānyì）的生活，将自己家后院腾（téng）出来教大家打太极拳（tàijíquán）③，还帮助其中一些人修改简历（jiǎnlì），给社区"时间银行"撰写（zhuànxiě）专栏（zhuānlán），为失业者寻找工作机会等。她以这种方式赚取了"时间币"，为自己换来了免费（miǎnfèi）家庭看护（kānhù）服务。对此，老人感触（gǎnchù）颇深："'时间银行'不仅让我丰富了晚年生活，还认识了更多邻居，在得到别人帮助的同时，我也以自己的能力为别人做了贡献，这些都要归功于（guīgōng yú）'时间银行'。"

实践证明，"时间银行"虽然顾客人数在不时地发生变化，但生意却始终很红火（hónghuǒ）。它能让拥有时间的人，以计时（jìshí）劳动换取自己的所需，既解决了眼前的经济窘境（jiǒngjìng），又有助于邻里（línlǐ）团结，使每个人在找到自己生命另一扇（shàn）窗的同时，对于需要援助的人，也会从别人的帮助中感受到关怀与温暖。

如"时间银行"的创立者埃德加所言："这个世界目前最需要的是重新建立信任，以及确立新的人

24. 借助：靠其他人或事物的帮助。
25. 一举两得：做一件事得到两方面的好处。
26. 复苏：恢复正常的活动，可形容动植物动苏醒，也可形容生产、市场等经济活动恢复正常。
27. 小区：城市里独立且成片的居住地。
28. 安逸：安闲，舒适。
29. 腾：使地方空出来。
30. 简历：是对个人学历、工作等情况的简要的书面介绍。（resume）
31. 撰写：写作。
32. 专栏：报纸、杂志等上面专门发布某类稿件的部分。
33. 免费：不收费，不用花钱。（free）
34. 看护：护理，照顾。
35. 感触：因某人、某事、某景或某物而引起的思想情绪。
36. 归功于：功劳是……的。
37. 红火：形容旺盛、兴隆、热闹。
38. 计时：按时间计算。
39. 窘境：十分为难的处境，困境。
40. 邻里：街坊，邻居。
41. 扇：〈量〉用于门、窗等。

生价值。所以对'时间银行'来说,总有充足的生存空间。我始终相信,'时间银行'会让每个人都能得到回报,而受回报的每个人,也会感到生活比以前更温暖,更幸福。"

(选自《青年博览》,原题《温暖的"时间银行"》,作者张达明,有删改)

注释

① 附加价值:附加在原有价值上的新价值。(added value)
② 宾州:美国宾夕法尼亚州的简称。(Pennsylvania)
③ 太极拳:一种中国传统健身方法。(Taijiquan)

练习 Exercises

一 把左边的词语与右边相应的意思连接起来

1. 持　　　　　　A. 得到好处的人
2. 腾　　　　　　B. 向周围扩散
3. 蔓延　　　　　C. 价值降低;本国货币对外币的比价降低
4. 看护　　　　　D. 形容非常高兴
5. 转让　　　　　E. 怀着犹豫的心情观察事物的发展变化
6. 受益者　　　　F. 靠其他人或事物的帮助
7. 观望　　　　　G. 把自己的东西或权利让给他人
8. 喜出望外　　　H. 做一件事得到两个方面的好处
9. 贬值　　　　　I. 遇到没有想到的好事而非常高兴
10. 独一无二　　 G. 事先计划准备
11. 筹备　　　　 K. 护理,照顾
12. 欢天喜地　　 L. 没有相同的或者没有可以相比的,十分稀少
13. 借助　　　　 M. 使地方空出来
14. 一举两得　　 N. 恢复正常的活动
15. 复苏　　　　 O. 采取,主张

二 根据文章的内容，判断下面句子是否正确

☐ 1. 目前已经有215家"时间银行"，遍布世界各个角落。

☐ 2. 在"时间银行"里，高级工程师可以用自己的一小时服务换清洁工两小时的服务。

☐ 3. "时间货币"不会贬值，可以转让，甚至还可以预支，但是要交税。

☐ 4. "时间银行"不仅为人们带来不少珍贵的"价值"，还使他们从中学到不少技能。

☐ 5. 玛利亚的婚礼隆重而热闹，刚好花去了她一个月所赚的2000个时间币。

☐ 6. "时间银行"对全球经济复苏起了关键作用。

☐ 7. 史蒂文森女士退休前在"时间银行"预支了家庭看护等服务。

☐ 8. 美国"时间银行"的顾客以年轻人为主，虽然工作繁忙，但还是抽时间去赚取时间币。

☐ 9. "时间银行"需要顾客重新确立信任，以及确立新的人生价值。

☐ 10. "时间银行"使老年人得以安度晚年。

☐ 11. "时间银行"人数没有变化，但生意却始终红火。

☐ 12. "时间银行"虽有充足的发展空间，但发展起来却很艰难。

三 根据文章内容，用指定的词语完成下面的问题。请不要照抄课文，清楚地理解课文内容后，尽量用自己的话来写

1. "时间银行"的运行模式：_____

_____

_____

_____

> 储存　换取　时间币
> 物物交换　报酬

2. 时间币的特点：_____

_____

_____

_____

> 汇率　贬值　转让
> 预支　纳税

第 3 课　社会与发展

3. "时间银行"的社会作用：_____
_____
_____
_____

换取　解决　邻里团结
关怀与温暖

四　写作实战练习

问题提示和思考

埃德加是美国耶鲁大学的法学博士，他把平等观念作为毕生的研究课题。经过苦思冥想，他想出了"时间货币"的概念，也就是后来形成的"时间银行"模式。本文从一些实例说明了"时间银行"既能解决眼前的困难，又有助于邻里团结，对于需要援助的人，也会从别人的帮助中感受到关怀与温暖。

写作提示

本文在叙述"时间银行"时，多处使用了**夹叙夹议**的写作手法。夹叙夹议的特点是叙事和议论穿插进行，写法上灵活多变，作者可以更好地表情达意。

比如文中叙述了玛利亚筹备婚礼的详细过程，她因资金紧张而苦思冥想，关键时刻想到了所在社区的"时间银行"，用这些"时间币"换取了自己婚礼的所需，最后总结出她借助"时间银行"，一切都很容易得到解决，确实一举两得。

写作练习

步骤一：分组交流

了解一下你身边是否有"时间银行"的顾客，或者是否有要加入"时间银行"的愿望，并了解如何成为"时间银行"的顾客。

_____
_____
_____
_____

步骤二：交流总结

你打算用什么方法赚取一些"时间币"？你想用这些时间币换取什么样的回报？

	用什么服务赚取"时间币"	要换取什么形式的回报	理由
童年			
青少年			
中年			
老年			
其他特殊时期（如：升学、结婚、生子、生病、失业、临终等）			

步骤三：写作

具体要求：

1. 文章内容：

   ① 在你人生的不同时期、不同阶段，储存"时间币"与换取"时间币"的规划与设想。

   ② 如何会让你平安度过人生每个阶段，以及你对"时间银行"相关知识的了解。

   ③ "时间货币"与传统货币不同，不会因汇率贬值而导致财产缩水，可以储存，也可以转让等。

   ④ "时间银行"会让每个人都能得到回报，也会感到生活比以前更温暖，更幸福的理由。

2. 写作方法：采用夹叙夹议的方法写作，要注意叙事的连贯性，议论插入要自然。
3. 使用词语：在文章中至少使用本课所学的 8 个新词语。
4. 字数：400 字左右。

步骤四：修改并定稿

　　完成作文后请老师提出意见，再根据老师的意见进行修改，最后抄写到作文本或稿纸上，也可以输入电脑再打印出来。

阅读（二）

英文中"幸福"这个词最早源于希腊文，是"好生活"的意思。有人说，好生活就是值得过，并且过得称心如意的、有成就、有满足感的生活。追求幸福生活是人们共同的目标，但追求的过程与结果却大不相同。下面的文章将为大家介绍幸福学家的科学新发现，是否会让你对"幸福"的含义有重新的认识？

幸福学家的科学新发现

幸福是人生追求的一大目标，但"幸福"却是个既不可捉摸（bùkězhuōmō）又难以名状（nányǐmíngzhuàng）的东西。经典精神分析理论[①]认为幸福来源于压抑（yāyì）的解除，认知行为学派[②]认为幸福是对积极思维的现实奖励，人本主义[③]则认为幸福是伴随（bànsuí）自我实现而产生的一种满足的体验。

财富的多少不一定与幸福成正比（zhèngbǐ）

美国《福布斯》[④]杂志曾经以美国最富有的400人和另外1000多个中低收入或无收入的人为对象做了以"幸福指数"[⑤]为专题（zhuāntí）的比较调查，让他们从1到7选出一个数字，1代表"我感觉非常不幸"，而7代表"我感觉非常幸福"。最后的统计结果显示，富翁（fùwēng）们的幸福指数是5.8，不算最高，而流浪汉（liúlànghàn）的幸福指数为2.9。其实5.8并非很高的幸福指数——在过去

1. 不可捉摸：指对人或事物无法猜测或估量。
2. 难以名状：没办法用语言形容。
3. 压抑：限制，使不能自由发挥、发展。
4. 伴随：随同，跟。

5. 正比：两个事物一个发生变化，另一个事物也发生相同方向的变化。

6. 专题：专门研究或讨论的题目。

7. 富翁：拥有大量财产的人。
8. 流浪汉：生活没有着落，随处谋生的人。（tramp）

二十年间断断续续的调查中专家们还发现，居住在寒冷的格陵兰岛（Gélínglán Dǎo）⑥的因纽特人⑦的幸福指数也是5.8。此外还有肯尼亚⑧的游牧民族马赛人⑨，他们的生活条件十分简陋（jiǎnlòu），没有电也没有自来水，而快乐指数同样为5.8。

幸福与经济发展之间关系若即若离（ruòjí-ruòlí）

传统经济理论⑩认为，一个国家或一个城市公民的整体幸福水平，往往与该国家或该城市的GDP有着紧密的联系，所以"幸福指数"首先就是一个"实实在在"的经济发展指标。

但是，据美国社会心理学家莱恩博士的研究：在最近四十年间，自认"非常幸福"的美国人一直呈（chéng）下降趋势（qūshì）。一项最新统计还显示，在1960—2000年期间，美国人均收入翻了三番，但认为自己"非常幸福"的人却从40%下降到30%左右。对此莱恩解释说，收入水平与幸福之间并不是直线关系，而是曲线（qūxiàn）关系。在收入水平达到一定高度前，收入提高会增加幸福感；但当收入水平超过一定高度时，它的进一步提高未必会明显增加幸福感。这是因为在基本需求得到满足之后，收入带动幸福的效应（xiàoyìng）开始呈递减（dìjiǎn）态势（tàishì）。收入水平越高，这种效应越小，以至达到可以忽略不计的地步。

小康者（xiǎokāngzhě）的幸福感往往最强

据对中国上海、北京、杭州等6个大城市居民幸福程度所做的调查，幸福指数最高的人并不是收入最高的大款（dàkuǎn），当然也不是低收入者，而是那些收入中等或中等偏高的小康者。

---

9. 简陋：（用品、设备等）简单而质量差；不完善。

10. 若即若离：好像接近，又好像不接近，形容关系不太紧密。

11. 呈：呈现，表现出。
12. 趋势：事物发展的动向。

13. 曲线：指弯曲的波浪线。（curve）

14. 效应：指由某个典型的人或事件引发产生一批同类型人物或事件的现象。
15. 递减：依次减少。
16. 态势：状态、形势。

17. 小康者：指家庭经济较宽裕，过着中等生活的人。

18. 大款：指很有钱的人。

第3课　社会与发展

据英国《太阳报》报道，在对1万名工人和5000个家庭进行的调查中，自称"最幸福"的英国人每周平均只挣255英镑——从收入来讲这也属于英国的小康者。阿伯丁大学[11]的利奥塔尔迪教授指出："这些小康者之所以比高收入者更感幸福，重要原因之一是他们工作的时间短，责任轻，因此压力也很小，而且也能比高薪者拥有更多的时间或机会跟家人或朋友厮守（sīshǒu）在一起，充分享受天伦之乐（tiānlúnzhīlè）或温暖的友情。由此可见（yóucǐkějiàn）收入并不是一切，虽然他们不能去海外度假（dù jià）或购买名车，但这并不表示他们对生活不满意。"

幸福更在过程，而非结果。一个在溺爱（nì'ài）环境中长大的孩子，各种心理需要都会得到及时的满足，是肯定没有幸福感的，因为幸福感往往在追求的过程中生发。实际上幸福存在于心理满足过程之中，存在于自身潜能（qiánnéng）发挥过程之中。

幸福是无数"小乐"的日积月累（rìjī-yuèlěi）。有一个心理实验，请受试者关注（guānzhù）自己的心情六周，每个人身上都带着电子测试器，记录他们当时的感觉以及快乐的程度。测试结果多少有点儿令人感到意外：一个人的幸福感竟然来自多次的"感觉良好"，而不是仅仅一次短暂的"大乐"。一些很简单的"小乐"，诸如（zhūrú）和孩子出去放风筝（fēngzheng）、和朋友去野餐（yěcān）或享受一次自己制作的美食等等——这些微不足道（wēibùzúdào）的"小乐"加起来却往往远远（yuǎnyuǎn）胜过短暂的"大乐"。

19. 厮守：相守，待在一起。
20. 天伦之乐：指家庭亲人之间团聚的欢乐。
21. 由此可见：从以上这些可以得出（结论）。
22. 度假：过假日，休假。（go on holiday）
23. 溺爱：过分宠爱。
24. 潜能：潜在的能力或能量。（potential）
25. 日积月累：一天一天地、一月一月地不断积累。指长时间不断地积累。
26. 关注：关心重视。
27. 诸如：比如说，表示不止一个例子。
28. 风筝：kate。
29. 野餐：带着食物到野外去吃。
30. 微不足道：指意义、价值等小得不值一提。
31. 远远：相差很多。

幸福与年龄关系不大

早期的幸福感研究者认为，随着年龄的增长，人们的幸福感会呈下降的趋势。然而经过近半个世纪的研究，人们发现，随着年龄的增长，人们的生活满意感不但不会下降，反而会有升高的趋势。一些研究者认为，主要原因在于，大多数人实际上能够根据自己年龄的变化对自己的目标做出适当的调整。一项针对英国和美国居民的大规模抽样（chōuyàng）调查研究表明，年龄与幸福感之间存在U型曲线关系，U型的最低点在40岁左右。

幸福也和遗传（yíchuán）相关

美国最近的调查显示，人是否感到快乐和幸福也与遗传有关。明尼苏达大学⑫的行为遗传学家⑬里坚博士分析1500对双胞胎（shuāngbāotāi）时发现，即使他们中的一个当大学校长，另一个当工人，他俩对人生的满意程度完全相同，即他们要么都很快乐，要么都很不快乐。不过，遗传对人性格的影响也是相对的，因为不同的后天条件，如环境、教养（jiàoyǎng）等对同一种类型的人可能产生完全不同的结果。

使用左脑过多不幸福

美国一位叫霍华·克莱贝尔的心理学家几年前曾做的一项调查发现，现在绝大多数人已习惯利用左脑去看待问题和思考生活，这样做的结果会使人感受轻松愉快的能力下降。不仅如此，过度使用左脑而忽视右脑还是失眠、焦虑症（jiāolǜzhèng）、抑郁症（yìyùzhèng）等某些心理疾病的主要原因。

---

32. 抽样：从要研究的全部样品中抽取一部分做检验。（sampling）

33. 遗传：某些基因由上代传给后代。（heredity）

34. 双胞胎：一次怀胎生下的两个孩子。（twins）

35. 教养：一般指文化和品德方面的修养。

36. 焦虑症：是一种无根据的惊慌、紧张的病态情绪。（anxiety neurosis）
37. 抑郁症：一种常见的精神疾病，表现为情绪低落，不愿与人接触，回避刺激，长期体验不到快乐。（depression）

第3课　社会与发展

好胜心（hàoshèngxīn）过强不幸福

在现代社会，一个人不敢竞争自然不是好事。但物极必反（wùjíbìfǎn）：要是竞争心太强就会发展为好胜心。而据美国科学家的新研究，好胜者大多心率（xīnlǜ）较快，血压偏高，睡眠不好，消化不良。由于免疫力（miǎnyìlì）下降，容易患神经性、皮肤性疾病甚至癌症。据计算，好胜心过强折寿（zhéshòu）最多可达10年！

（选自《光明日报》，原题《幸福学家的科学新发现》，作者唐若水，有删改）

38. 好胜心：希望在各项活动中占优势的心理。
39. 物极必反：事物发展到极端，会向相反方向转化。
40. 心率：在一定时间内，心脏跳动的快慢。（heart rate）
41. 免疫力：身体不被某种病毒感染的能力。（immunity）
42. 折寿：减少寿命。

注释

① 精神分析理论：由奥地利精神科医生弗洛伊德于19世纪末20世纪初创立，由精神层次理论、人格理论、性本能论等组成。

② 认知行为学派：以贝克认知疗法、艾里斯理性—情绪疗法等为代表，他们认为认知的成长和变化发生在生命周期的每个阶段；认知可以改变或重塑，进而影响行为和情况；所有行为均是学习而来，且可以被定义和改变。

③ 人本主义：把人生物化的形而上学唯物主义学说，以德国的费尔巴哈和俄国的车尔尼雪夫斯基为代表。

④ 福布斯：世界上最著名的财经杂志，以观点鲜明、简明扼要著称。（Forbes）

⑤ 幸福指数：是衡量幸福感具体程度的主观指标数值。（Happiness Index）

⑥ 格陵兰岛：在北美洲东北部，北冰洋和大西洋之间。（Greenland）

⑦ 因纽特人：又称爱斯基摩人，主要居住在格陵兰岛、美国、加拿大和俄罗斯。（Inuit）

⑧ 肯尼亚：位于非洲东部的一个国家。（The Republic of Kenya）

⑨ 马赛人：东非比较活跃的一个游牧民族。（Maasai）

⑩ 传统经济理论：以"物质经济"为基础的经济理论都可称为传统经济理论。

⑪ 阿伯丁大学：成立于1495年，是英国第五所最古老的大学。该大学的教学和研究质量世界有名。（University of Aberdeen）

⑫ 明尼苏达大学：美国一所有名的公立综合研究型大学，具有优秀的教育和服务社会的传统。（University of Minnesota）

⑬ 行为遗传学家：研究控制动物行为的基因及其表达形式的遗传学专家。

练习 Exercises

一、根据下面的解释写出相应的词语

1. 对人或事物无法猜测或估量　　　　　　　　　（　　　　）
2. 一天一天地、一月一月地不断积累　　　　　　（　　　　）
3. 家庭亲人之间团聚的欢乐　　　　　　　　　　（　　　　）
4. 关心重视　　　　　　　　　　　　　　　　　（　　　　）
5. 好像接近，又好像不接近，形容关系不太紧密　（　　　　）
6. 相守，待在一起　　　　　　　　　　　　　　（　　　　）
7. 事物发展到极端，会向相反方向转化　　　　　（　　　　）
8. 文化和品德方面的修养　　　　　　　　　　　（　　　　）
9. 希望能在各项活动中占优势的心理　　　　　　（　　　　）
10. 生活没有着落，随处谋生的人　　　　　　　　（　　　　）
11. 带着食物到野外去吃　　　　　　　　　　　　（　　　　）
12. 没办法用语言形容　　　　　　　　　　　　　（　　　　）
13. 过分宠爱　　　　　　　　　　　　　　　　　（　　　　）
14. 意义、价值等小得不值得一提　　　　　　　　（　　　　）
15. 事物发展的动向　　　　　　　　　　　　　　（　　　　）

二、下面几组词语的意思相近或相关，请查查词典，思考一下，然后把它们在词义和用法上的主要异同点填在下面的表格里

1. 短暂——暂时

	短暂	暂时
相同点		
相异点		

2. 遗传——遗留

	遗传	遗留
相同点		
相异点		

3. 过度——过于

	过度	过于
相同点		
相异点		

4. 趋势——态势

	趋势	态势
相同点		
相异点		

三 根据文章内容选择正确答案

1. "对积极思维的现实奖励"这是哪种思想学派对"幸福"的解释：
   A. 精神分析理论学派
   B. 认知行为学派
   C. 人本主义学派

2. 下列哪种人群幸福指数最低：
   A. 富翁们　　　　B. 马赛人　　　　C. 流浪汉

3. 幸福与个人收入之间的关系：
   A. 个人收入水平与幸福感成正比
   B. 幸福感与个人收入水平呈直线关系
   C. 个人收入水平达到一定高度后，其对幸福感的影响可以忽略不计

4. 小康者幸福感最强的原因，不包括：
   A. 工作时间短，压力小
   B. 有时间去海外度假
   C. 能充分享受天伦之乐

5. 幸福感与年龄的关系：
   A. 随着年龄的增长，幸福感会呈下降趋势
   B. 年龄与幸福感之间存在 U 型曲线关系
   C. 50 岁的人幸福感最低

6. 下列哪一项会降低幸福感：
   A. 常常使用右脑去看待问题和思考生活
   B. 好胜心过强
   C. 小康收入者

7. 下列哪一项不能提高幸福感：
   A. 积累一次次微不足道的"小乐"
   B. 提高低收入者的收入水平
   C. 过分爱护成长中的孩子

8. 下列说法正确是：
   A. 经过遗传学家的分析，双胞胎的幸福感完全相同
   B. 好胜心过强会导致焦虑症、抑郁症等心理疾病，最多可减寿十年
   C. 生活条件简陋而肮脏的人，幸福指数不高

9. 过度使用左脑会不幸福，下列说法不正确的是：
   A. 感受轻松愉快的能力下降
   B. 容易患神经性、皮肤性疾病
   C. 是许多心理疾病的主要原因

第 3 课　社会与发展

四　写作实战练习

问题提示和思考

本文是在说明幸福到底和什么有关，什么是影响幸福感的主要因素，主要从以下几个方面进行研究分析：

（1）财富的多少不一定与幸福成正比；
（2）幸福与经济发展之间关系若即若离；
（3）小康者的幸福感往往最强；
（4）幸福与年龄关系不大；
（5）幸福也和遗传相关；
（6）使用左脑过多不幸福；
（7）好胜心过强不幸福。

写作提示

本文运用的是说明文常见的结构形式**并列式**。各层次之间的关系是并列的、平等的。是从若干方面入笔，不分主次、并列平行地叙述事件、说明事物。其特点是将事件、事物或论题分成几个方面来叙写、说明和议论，每个部分都是独立完整的部分，与其他部分是并列平行关系。

写作练习

步骤一：分组分享

回忆几件你觉得非常幸福的往事或情景，分享给小组同学，并记录下来。
例如：年幼时，爷爷送给我一只名叫"小狮子"的宠物狗。
事件一：_____
_____
_____

事件二：_____
_____
_____

事件三：_____
_____
_____

步骤二：分享后列出大纲

分析这几件事情或情景发生的时间、地点、人物以及你觉得那时那刻影响幸福的最重要的因素。

	时间	地点	人物	幸福的事件	幸福的原因
例如	5岁时	乡下的农村	爷爷和我	爷爷送我一只宠物狗	当时像"小狮子"那样的宠物属于稀罕物，受爷爷的宠爱，陪伴孤独的我。
事件一					
事件二					
事件三					

步骤三：写作

具体要求：

1. 文章内容：

   ① 结合你和小组的交流及分析，总结一下幸福都有哪些种类。

   ② 设想一下你最期待的幸福时刻及情景，并描述出来。

   ③ 你认为影响幸福感的因素是什么，以及其与幸福感有什么样的关系。

   ④ 注意在写作时，尽量重要的因素放在前面，次要的因素放在后面，使顺序更为合理。

2. 写作方法：按照内容的主次轻重，借鉴课文并列式结构的写法来完成文章。

3. 使用词语：在文章中至少使用本课所学的 8 个新词语。

4. 字数：500 字左右。

步骤四：修改并定稿

完成作文后请老师提出意见，再根据老师的意见进行修改，最后抄写到作文本或稿纸上，也可以输入电脑并打印出来。

补充阅读与思考

你一天要看多少次表

有这样一个有趣的现象：世界上越是经济发展快的国家，人们看表的次数相对也就越多；越是发展缓慢的国家，人们看表的频率也就越低。较早的时候，世界上的排列依次是美国、日本、德国、英国……但这种排列总会随着经济的发展而不断变化。

无论在哪个国度，人们每天看表的次数越多，经济的发展也就相对越快，这几乎成了一个不可颠覆的真理。现在的中国人，每天看表的频率比二十年前已经有了成倍的增长。据数字统计，如今中国人每天的看表次数已经排在了世界的前十位，这说明中国的经济正在进入一个快速发展的时期，事实恰好也证明了这一点。

人们看表的次数，甚至和收入的状况构成惊人的正比。广东曾经就是一个遍地是表、贩表卖表的集散地，尽管其中有许多其他的因素，但广东人的收入曾经也是最高的，这与广东人爱表的现象不谋而合。广东人对表的钟爱远远胜过了其他城市。人们欣赏表的心态，是与珍惜时间的观念密不可分的。广东人看表的频率至今也远远高于其他的省份。

而从个人来说，每天看表的次数越多，做的事情相对也就越多，甚至经济的收入也越高。这里包括无意识的看表次数。

世界上许多大公司的董事长们，家里都有很一致的地方，那就是几乎到处都挂着表，每个房间、每个角落都会有表的存在。而且一定要挂在最显眼的位置，抬头就能看见。

一项调查统计表明，在各行各业中，每天看表次数最多的人依次是：

商人、高级秘书、企划人员、股市操作者、科研人员、政府要员、大学里的高才生……其中，这些人的无意识的看表次数更是惊人，他们常常因为对时间的焦虑，在一分钟里要数次地看表，完全成了一种习惯性的潜意识。

而世界上那些极其繁忙的人，则会把表针牢牢地装在心里，看表只是在与内心的钟点对应，已经形成了一种纯粹的心理暗示。

在一个竞争激烈的社会，谁都无法容忍让时间白白地溜掉。谁耽误了时间，无论是自己还是他人，都会引起人们的烦躁与不安。而一旦把事情做在了时间的前头，人们便会发出会心的微笑。

不过，世界上也有一些很少看表的人，比如居住在北非穷乡僻壤的马尔人。他们可以十天半月不看表，依然是看着日头过活。

如今，在这个十分讲究经济的时代，表的数量已经远远超过了人的数量。在追求经济发展的道路上，人们看表的频率已经越来越快。而对一个成功者来说，看表的次数也远远多于那些不求进取、无所事事的人。

在这个世上，奋进的人，总是比那些悠闲的人看表的次数多；努力的人，总比那些没有目标的人看表的次数多。赢家与输家，往往首先是差在每天看表的次数上。在这看似没有什么特别的举动里，却埋藏着许多真理和玄妙。多看一次表，人生也许就会多生出一分精准；多看一次表，目标也许就会更近一分；多看一次表，脚步大概就会再迈得大一些。人生的许多智慧，许多伟业，许多宏图，便是在这多出来的一次次数字中诞生。

（选自《人民文摘》，原题《你一天要看多少次表》，作者星竹，有删改）

第 3 课　社会与发展

一　**读完全文，请你想一想、说一说**

1. 你经常看表吗？为什么看表？
2. 文中提到，人们看表次数越多的国家和地区，经济越发达。请结合文章内容，用自己的话再复述一下这一观点。
3. 文中提到，每天看表次数最多的人一般从事什么行业？
4. 你身边的同学和朋友守时吗？有没有时间观念与学习、工作是否努力有直接关系吗？请举例说明。

二　**作者认为："在这个世上，奋进的人，总是比那些悠闲的人看表的次数多；努力的人，总比那些没有目标的人看表的次数多。"你同意这个观点吗？为什么？**

第4课 自然与环境

配套资源

阅读（一）

温室效应导致全球变暖，由此带来的自然灾害也越来越频繁，给人类的生存造成了很大的威胁。对此，我们能做些什么呢？

你能为地球"降温"做什么？

温室效应导致全球变暖已是毋庸置疑（wúyōng zhìyí）的事实，可真的无法逆转（nìzhuǎn）吗？美国《时代周刊》最近列举（lièjǔ）了50项措施为地球"降温"，其中一些只是举手之劳（jǔshǒuzhīláo）。

电器篇
关掉电脑

屏幕保护程序不等于环境保护程序。美国能源部的数据显示，家庭中75%的用电都耗在电视、电脑和音响等保持待机（dàijī）状态上。平均一台台式电脑（不包括显示器）每天耗电60至250

1. 毋庸置疑：事实明显或理由充分，不必怀疑。
2. 逆转：形势或情况向相反方向转化。
3. 列举：一个一个地举出来。
4. 举手之劳：形容事情很容易办到，毫不费力。

5. 待机：（电脑、手机等）处于等待工作、未关闭系统的状态。（be on standby）

第4课　自然与环境

瓦。如果一台电脑每天使用4小时,其他时间关闭,那么每年能为你节省70美元,且能减少83%的二氧化碳(èryǎnghuàtàn)排放量,即每年63千克。

呵护(hēhù)热水器(rèshuǐqì)

提高家庭用热效率,并不意味着花费数小时窝(wō)在阁楼(gélóu)上涂隔热层。其实方法可以非常简单,比如给你家的热水器一个温暖的"拥抱"——包一层隔热毯,成本只需10到20美元,但可以使你家每年减少250磅(合113千克)的二氧化碳排放。

大多数热水器使用5年后,内部隔热性能会变差,损耗(sǔnhào)热量,浪费能源。所以,摸一下热水器表面,如果能感觉到温热,就给它买件"外套"吧。

出行篇
让工作地点离家近一点儿

开车上班,浪费时间也浪费能源,看来,唯一的解决办法就是把家搬到办公室隔壁。可要是让办公室离你家近一点儿呢?

这种概念称作"最近交换"。如果一家公司在地铁线路覆盖(fùgài)区域内有多家分支(fēnzhī)机构,这种概念就能非常好地运用并发挥作用。美国华盛顿州西雅图市的软件(ruǎnjiàn)开发工程师吉恩·马林斯设计了一个项目,帮助公司把工作地点靠近员工居所(jūsuǒ),大量节省上下班路上花费的时间。对员工而言,能够逃离上下班高峰时刻的拥堵(yōngdǔ)是最好的奖赏(jiǎngshǎng)。一样的报酬,一样的工作,谁不愿意少花点儿时间在路上?

---

6. 二氧化碳:CO_2。

7. 呵护:形容很用心地照顾和保护。
8. 热水器:使冷水温度升高变成热水的装置(hot-water heater)。
9. 窝:蜷缩,弯曲。
10. 阁楼:在较高的房间内上部架起的一层矮小的楼。(garret)

11. 损耗:损失消耗。

12. 覆盖:从上面盖住。
13. 分支:从总体或一个系统中分出的部分。
14. 软件:software。

15. 居所:居住的处所。
16. 拥堵:由于车辆多、秩序乱或道路狭窄等造成车辆拥挤、道路堵塞。
17. 奖赏:对有功的或在竞赛中获胜的集体或个人给予奖励。

选乘公交车

交通产生的二氧化碳占美国二氧化碳排放量 30% 以上,减少此类排放量的最好办法之一是乘坐公交车。美国公共交通联合会称,公共交通每年节省约 14 亿加仑(jiālún)(合 52.996 亿升)天然气,这意味着能减少 150 万吨二氧化碳排放量。

网上支付账单(zhàngdān)

为避免在发薪日开车去银行,排放不必要的二氧化碳,要求雇主(gùzhǔ)直接将薪水(xīnshuǐ)划到你的账户(zhànghù)上。

在网上进行银行业务和账单操作,不仅能够挽救树木,还能减少运输纸质文件所耗能源。根据贾夫林战略研究机构的估算(gūsuàn),如果每户美国家庭都意识到这一点,身体力行(shēntǐ-lìxíng)用网络支付账单,那每年将减少 16 亿吨纸张消耗和 210 万吨温室气体排放。

那网上支付的安全问题呢?不必担心。忽略那些"钓"个人信息的邮件,监控(jiānkòng)那些未经授权(shòuquán)的机构发来的账单,发现问题及时汇报,你的信用卡就不会遭到"袭击"。

衣食篇
解下领带

2005 年夏天在日本商界可谓"凉爽"。白领纷纷(fēnfēn)脱下他们标志性的深蓝职业装,换上领子敞开的浅色衣服。这是日本政府为节约能源所做的一部分努力。那年夏天,政府办公室的温度一直保持在 28 摄氏度。这项政策令裁缝们感到困惑,但整个夏天,日本因此减少排放二氧化碳 7.9 万吨。

---

18. 加仑:容积单位。(Gallon)

19. 账单:记账或付账的单据。(bill)

20. 雇主:以工资的形式来雇用人员的人。(employer)
21. 薪水:即工资。
22. 账户:以个人或公司名义在银行开立,用于存款、转账、汇款等。(account)

23. 估算:大概地推断或估计。
24. 身体力行:亲自去做,努力实行。

25. 监控:监视、监测。
26. 授权:把权力委托给他人或机构,代为执行。(authorize)

27. 纷纷:许多人或事物一个接着一个地。

第4课 自然与环境

洗衣多用温水少耗电

需要注意的是，洗衣时用温水，而不要用热水；如果要洗的衣服较多，选择一个容量（róngliàng）大的洗衣机，而不要用多个容量小的；尽可能选用高效洗衣机，因为一台新洗衣机耗费的能量是旧洗衣机的四分之一。

衣服洗净后，挂在晾衣绳上自然晾干，不要放进烘干机（hōnggānjī）①里。这样，你总共可减少90%的二氧化碳排放量。

舍弃（shěqì）牛排

哪个更应该为全球变暖负责，车还是"巨无霸"（jùwúbà）②？信不信由你，事实上是肉饼。根据联合国粮农组织公布的一份报告，全球肉制品加工业排放的温室气体，占全球温室气体排放量的18%，甚至超过交通业。

美国芝加哥大学的研究表明，如果有一人转做素食主义者（sùshí zhǔyìzhě）③，每年的二氧化碳排量将减少约1.5吨。

居住篇

种一道竹篱笆

竹子可以成为一道美丽的篱笆（líba）。竹子的生长速度很快，某些种类的竹子一天能长1英尺（合0.3048米），甚至更多。所以与蔷薇科（qiángwēikē）④植物比，它能吸收更多的二氧化碳。

打开一扇窗

一个美国人每年制造约25吨二氧化碳，这些二氧化碳大部分来自家庭。怎样减少这个数字？有一些简单有效的方法：打开一扇窗户，取

---

28. 容量：一个物体容积的大小。（capacity）

29. 舍弃：放弃，抛弃。

30. 篱笆：用竹子、树枝等做成的遮挡的东西。（hedge）

代室内空调；夏天使用空调时，温度稍微调高几度，冬天则低几度；把门窗堵严；墙壁和天花板（tiānhuābǎn）都做隔热处理；等洗碗机装满再洗；安装流量小的淋浴（línyù）喷头（pēntóu）；调低热水器上的自动调温装置。这样，等到年底，你的房子将仅排放4000磅（合1814.4千克）二氧化碳。

生活篇
拒绝使用塑料袋

超市的塑料购物袋，最后一般都作为垃圾用掩埋法（yǎnmáifǎ）⑤处理。每年全球要消耗超过5000亿个塑料袋，其中只有不到3%可回收。

塑料袋都由聚乙烯（jùyǐxī）⑥制成，掩埋后需上千年时间实现生物递降分解（shēngwù dìjiàng fēnjiě）⑦，期间还要产生有害的温室气体。

减少塑料袋污染的办法就是，以布袋或者可分解植物原料制成的袋子取代塑料袋。下次去杂货店（záhuòdiàn）的时候，别忘记带袋子。

举办绿色婚礼

举行婚礼那天，虽不能阻止全球变暖，但你可以选择减少碳排放量。不管在哪里举行庆典，你都可以购买当地产的红酒或者啤酒，从当地蛋糕店订做婚礼蛋糕，使用应季（yìngjì）而非进口鲜花，穿租来的礼服，使用再生（zàishēng）纸……这些都能降低二氧化碳排放量。这是你给我们的地球最好的结婚礼物。

（选自《党员文摘》，原题《你能为地球"降温"做什么？》作者黄敏，有删改）

---

31. 天花板：装饰室内屋顶的板子。（ceiling）

32. 淋浴：shower。

33. 喷头：喷洒设备等出水口上的一种装置，形如莲蓬，有许多细孔。（sprinkler）

34. 杂货店：卖各式各样家用品与食品的小商店。

35. 应季：适应当时季节的。

36. 再生：加工废旧物品，使恢复原有性能，成为新产品。（regenerate）

注释

① 烘干机：用来除去服装和其他纺织品中的水分的机器。（dryer）
② 巨无霸：一种汉堡的名字。（Big Mac）
③ 素食主义者：只吃素菜不吃荤菜的人。
④ 蔷薇科：一种植物科类，如玫瑰、野蔷薇、月季等植物。（Rosaceae）
⑤ 掩埋法：一种垃圾处理方法，将废弃物埋入土里。这种方法对于不可降解的垃圾没有作用。
⑥ 聚乙烯：polyethylene。
⑦ 生物递降分解：由细菌、藻类等微生物对材料进行逐级分解。

练习　Exercises

一　选词填空

> 待机　呵护　二氧化碳　逆转　再生　身体力行　举手之劳
> 软件　覆盖　拥堵　监控　授权　应季　舍弃　损耗　纷纷

1. 将垃圾扔进垃圾桶，（　　　　）的小事，可以为大家也为自己营造一个干净整洁的环境。
2. （　　　　）的过量排放造成了全球气候变暖。
3. 很多人说，电脑、电视、音响等（　　　　）状态最节电，据相关调查显示，这种说法是不科学的。
4. 比赛的最后半分钟，飞龙踢进了本场比赛的唯一进球，战局不可（　　　　）。
5. 近年来，（　　　　）开发成为越来越受欢迎的职业。
6. 当暴雨来袭时，（　　　　）地表的水泥路面影响了雨水的吸收，导致一些城市出现积水现象。
7. 保护环境不只是一句口号，而是需要大家（　　　　）去做，从小事做起。比如，吃（　　　　）蔬菜、水果，尽量避免使用一次性用品，多使用可（　　　　）材料。
8. 城市交通（　　　　），已经成为世界大城市普遍存在的问题。
9. 银行系统广泛使用了摄像头，随时（　　　　）银行内的情况，确保客户的安全。
10. 降低能源（　　　　），提高能源利用率，是当前科研新成果的共同追求。
11. 面对名利，很多人选择了（　　　　）亲情、友情、爱情等，但最终他们发现，自己并不是名利双收，而是穷得只剩下了钱。

12. 家长们在满足孩子吃穿住用时，也应该注意（　　　　）孩子幼小的心灵。
13. 委托别人帮你处理房产问题的时候，要签（　　　　）书以证明被委托人的合法性。
14. 最近网上曝光了一个惊人的新闻，同学们知道后，在班里也忍不住议论（　　　　）。

二 根据文章的内容，判断下面的句子是否正确的

- [ ] 1. 全球变暖无法逆转，已是毋庸置疑的事实。
- [ ] 2. 电脑、电视等不用时关机，不但能为你节省70美元，而且能减少75%的二氧化碳排放。
- [ ] 3. 给热水器包一层隔热毯，可以减少30%的二氧化碳排放量。
- [ ] 4. 减少二氧化碳排放的有效措施之一就是搬到交通便利的地方居住。
- [ ] 5. 网上银行可以减少大量纸质文件的消耗，应该提倡使用网上银行购物等。
- [ ] 6. 夏天穿浅色的衣服可以间接减少二氧化碳气体的排放。
- [ ] 7. 素食主义者为地球"降温"做出了重要贡献。
- [ ] 8. "种一道竹篱笆""打开一扇窗"，这些举手之劳的小事每年可以减少4000磅二氧化碳。
- [ ] 9. 用聚乙烯制作的塑料袋在生物分解过程中会产生大量二氧化碳。
- [ ] 10. 使用布袋或者可分解植物原料的袋子取代塑料袋，可以有效减少环境污染。

三 根据文章内容，用指定的词语完成下面的问题。请不要照抄课文，清楚地理解课文内容后，尽量用自己的话来写

我们能为地球"降温"做点什么？
1. 家电使用方面：_____

_____
_____
_____
_____

屏幕　待机　减少
呵护　损耗

第4课　自然与环境

2. 出行方面：_____

_____

_____

_____

> 覆盖　公交车　拥堵
> 账单　身体力行

3. 衣食方面：_____

_____

_____

_____

> 容量　舍弃　素食主义者
> 应季　再生

四　写作实战练习

问题提示和思考

　　本文在温室效应导致全球变暖这个毋庸置疑的事实前提下，介绍了几种方法来给地球降温。除了文章中介绍的这些措施，在我们的日常生活中也有许多节能环保低碳的小秘诀。比如：

1. 少用纸巾，重拾手帕，保护森林，低碳生活；
2. 每张纸都双面打印，相当于保护了半片原本将被砍掉的森林；
3. 随手关灯、关开关、拔插头，减少电资源的浪费，也是个人修养的表现；不坐电梯爬楼梯，省下大家的电，换自己的健康；
4. 绿化不仅是去郊区种树，在家种些花草一样可以，还不需要开车。

写作提示

　　本文在介绍各项措施时，几处运用了**拟人**的写作手法。比如"给你家的热水器一个温暖的'拥抱'——包一层隔热毯"，还有举办绿色婚礼，"是你给我们地球最好的结婚礼物"等。

　　又如：

　　　　太阳系的星球们正聚在一起兴高采烈地谈论着，只有地球愁眉苦脸地坐在那儿一声不吭，昔日青春美丽的地球，如今憔悴得像个老太婆。大家奇怪地问道："是谁把你弄成这个样子的？"地球伤心地哭诉道："以前我一心一意地为人类提供资源、生活场地。现在他们却恩将仇报，一点儿也不为我着想。你看，海洋里的有害物质和垃圾处处可见，我的绿衣裳渐渐被人砍光了。每天,汽车、火车、飞机等都排出大量的废气,还有那可恶的噪音,我快要受不了了……"说到这里,地球哭起来了,其他星球听了都很气愤。太阳安慰地球说:"别担心,他们这样做,一定会受到惩罚的,他们终有一天会醒悟过来的。"

拟人是修辞方法的一种,在记叙文、论述文中常常使用,以增强文章的生动性。说明文也可以用拟人的手法。

写作练习

步骤一:分组采访

每个小组分别采访四个国家的同学,了解一下他们在衣食住行方面有什么环保小秘诀。

国籍	环保措施	给地球带来的益处
中国	随身常备筷子或勺子,减少一次性餐具使用。	减少森林砍伐量,保护植被。

第4课　自然与环境

步骤二：交流后列出大纲

各小组交流采访结果，并记录下来。

_____
_____
_____
_____
_____

步骤三：写作

具体要求：

1. 文章内容：
   ① 说明自己在衣食住行等方面为减少全球温室效应所采取的具体措施。
   ② 记录其他四国的同学在环保方面的措施及给地球带来的益处。
   ③ 在温室效应导致全球变暖的事实面前，总结几个环保小秘诀。
   ④ 注意用上适当的表达方法，使你的文章生动起来，活泼起来。
2. 写作方法：写作时尝试运用拟人的修辞方法，就是把没有思想感情的事物当作人来写，赋予它们以人的思想感情和行为动作，使事物人格化。
3. 使用词语：在文章中至少使用本课所学的8个新词语。
4. 字数：500字左右。

步骤四：修改并定稿

结合交流结果以及自己在保护环境方面的新方法，写一篇面向所有大学生的环保倡议书。完成作文后请老师提出意见，再根据老师的意见进行修改，最后抄写到作文本或稿纸上，也可以输入电脑再打印出来。

阅读（二）

你有没有去过沙漠？闭上眼睛，你能否想象出沙漠的样子？下面的文章将为大家介绍沙的"表情"，让我们共同感受一下沙漠的魅力。

沙的表情：沙丘和沙纹

沙漠是沙的海洋，却并非一片毫无生气（háowú shēngqì）的寂静（jìjìng），因为沙是可随意塑造（sùzào）的材料，而风又是才华横溢（cáihuá héngyì）的设计师。风在沙漠的面庞（miànpáng）上画出最为灵动多变（língdòng duōbiàn）的表情，这就是沙纹①、沙丘②和沙丘链（shāqiūliàn）③。沙丘是沙漠最常见的景色，它们大小不同，形态各异（xíngtài gèyì），有的高达数百米，比小山还巍峨（wēi'é），也有的十分矮小，仅是一跃而过的沙堆。把视野（shìyě）拉开，观察这些大大小小的沙丘，它们呈现出极其生动的形态，如同羽毛、珍珠、新月（xīnyuè）④、金字塔，大部分沙丘都不是孤立分布的，它们连绵起伏（liánmián qǐfú），组合成变幻莫测（biànhuàn-mòcè）的浩瀚无边（hàohàn wúbiān）的沙海。

月儿弯弯：新月形沙丘

辽阔（liáokuò）的沙漠总是将弯弯的月牙⑤缀（zhuì）满裙边，分布在沙漠边缘地区的新月形沙丘，是中国沙漠地区分布最广泛的"经典（jīngdiǎn）"

---

1. 毫无生气：人或物没有一点儿活力。
2. 寂静：没有声音，十分安静。
3. 塑造：用石膏、泥土等可塑材料塑成人或物等形象。
4. 才华横溢：（多指文艺方面）才能出众。
5. 面庞：面孔，面容。
6. 灵动多变：活泼，富于变化。
7. 形态各异：指很多事物的样子、形状不尽相同，各有特色。
8. 巍峨：高大、壮观、雄伟的样子。
9. 视野：眼睛能看到的空间范围。
10. 连绵起伏：连续不断而且起伏不平。
11. 变幻莫测：比喻变化又多又快，使人不可捉摸，无法分辨。
12. 浩瀚无边：形容广阔，无边无际。
13. 辽阔：形容土地等宽广空旷。
14. 缀：点缀，加以衬托或装饰，使原有事物更加美好。
15. 经典：事物具有典范性而影响较大的。

沙丘。新月形沙丘通常由单一方向或两个相反方向的风作用而成。强劲（qiángjìng）的风携带（xiédài）大量的沙子前进，遇到障碍物时，风的行动变慢了，携带沙子的能力下降，沙子就顺着坡面堆积，当它爬到坡顶时，早已筋疲力尽（jīnpí-lìjìn），只有将剩余的沙子全部卸下来，沙丘两侧的沙子阻碍少，会跑得更快一些，于是在两侧长出顺风延伸（yánshēn）的翼角——新月就这样生成了。新月形沙丘链，就是新月形沙丘们手牵手连在一起形成的。

万丈高楼（wànzhàng gāolóu）都是一砖一瓦所垒（lěi），沙丘亦是如此。复合新月形沙丘，是指在较高大沙丘的迎风坡上层叠着许多更小的新月形沙丘。像自行车的链条一样横向连接起来，复合新月形沙丘也能形成沙丘链，它们构成了沙漠裙边上更为精美的花边。

一说起沙丘，一座弯弯的沙山便如新月挂在我们的脑海。新月形沙丘是沙漠中最常见、也是最经典的一类，它像一弯新月，也像一个飞镖（fēibiāo）、一张笑意盈盈（xiàoyìyíngyíng）的嘴。

苏格兰风情（fēngqíng）：格状沙丘

新月形沙丘好像并不满意单一方向的排列，为了来点儿异域（yìyù）风情，它们你一行我一列，纵横交叉（zònghéng jiāochā）组成了具有浓郁（nóngyù）的苏格兰风情的格状沙丘。造就（zàojiù）这种沙丘的风，主要来自两个几乎垂直的方向，从而使沙子在着陆（zhuólù）后排列成外形像田块的格状形态。

---

16. 强劲：强大有力。
17. 携带：随身带着。（carry）
18. 筋疲力尽：形容精神和身体极度疲劳。
19. 延伸：向外延长、伸展。
20. 万丈高楼：指非常高的大楼。
21. 垒：把砖、石等重叠砌起来。
22. 飞镖：旧式武器。形状像长矛的头，投出去能击伤人。
23. 笑意盈盈：微笑，笑眯眯的样子。
24. 风情：风土人情；意趣。
25. 异域：他乡，外地。
26. 纵横交叉：横的竖的交叉在一起。
27. 浓郁：（色彩、情感、气氛等）很重。
28. 造就：培养使有成就。
29. 着陆：飞机等降落到地面上。

相互垂直的风，如同来回织布的 经纬（jīngwěi）梭子（suōzi），给沙漠打上整齐的格子，这或许是一种好习惯。格状沙丘是这样的：主方向风形成沙丘链，而次方向风则在沙丘链间产生低矮的沙埂（gěng），骆驼队伍便可以在这些沙埂上行走。

曲线之美：线状沙丘

如果横向的点缀是为了圆润（yuánrùn），那么纵向的延伸则是为了曲线，造成飘逸（piāoyì）的效果。由于两种风向呈锐角（ruìjiǎo）斜交，使得原本的新月形沙丘集中优势兵力，沿着某一个主要方向前进，形成新月形沙垄（lǒng）。这种沙垄的两个弯角不对称（duìchèn），一翼向前延伸很长，另一翼退缩（tuìsuō），外形像鱼钩（yúgōu）。

新月形沙垄继续发展，往往尾部的新月形沙丘形态变得不明显，甚至消失，形成仅沿一翼延伸的沙垄，也称线状沙丘，构成了沙漠飘逸的饰带（shìdài）。

天使羽毛：羽毛状沙丘

沙漠里也有天使来过，将根根羽毛撒落。羽毛状沙丘的命名是由于在沙丘的中间有一道凸出的沙垄，很像羽轴（yǔzhóu），与这道沙垄垂直、分布于两侧的小沙丘则是那毛茸茸（máoróngróng）的羽毛了。"羽轴"其实就是一条新月形沙丘链，"羽毛"则是粗细沙粒形成的明暗相间（míng'àn xiāngjiàn）地带。尽管人们对羽毛状沙丘的了解还不是很透彻（tòuchè），但并不妨碍我们欣赏它的灵动。这种神秘的羽毛状沙丘，只存在于库姆塔格沙

---

30. 经纬：纵线和横线。
31. 梭子：织布时的工具，两头尖，中间粗，像枣核的形状。（shuttle）
32. 埂：田地里，地势高起的长条的地方。

33. 圆润：物体表面光滑润泽。
34. 飘逸：洒脱自然。
35. 锐角：大于0°小于90°的角。（acute angle）
36. 垄：田地里的行，高出耕作的部分。
37. 对称：指图形或物体对某个点、直线或平面而言，在大小、形状和排列上具有一一对应的关系。（symmetry）
38. 退缩：向后退。
39. 鱼钩：钓鱼的钩子。
40. 饰带：用作装饰的带状物。

41. 羽轴：动物羽毛中间比较粗硬的部分。
42. 毛茸茸：形容动植物的细毛柔软细密的样子。

43. 明暗相间：明的暗的一个隔着一个。
44. 透彻：深入，完全了解。

漠（Kùmǔtǎgé Shāmò）⑥中，独一无二。东北——西南方向延伸的巨大沙垄，是羽毛中间那根粗粗的羽轴，而平行排列纵横垄间的舌状沙埂，则是明暗相间的羽毛。

瑰丽（guīlì）珍珠：穹（qióng）状沙丘

在浩瀚的沙海中，散落着一颗颗明亮的珍珠，这些便是穹状沙丘，又称圆状沙丘。完整的穹状沙丘像个圆形屋顶，比较少见，它们一般凌乱（língluàn）不规则地孤立分布，也有相连的。沙丘两侧斜坡较对称，次一级沙丘层层叠置（céngcéng diézhì）其上，没有明显高大的斜坡，长、宽大致相等。从地面看起来，有的还真像埋在沙中的圆馒头。在也门的沙海中，一座巨大的穹状沙丘，风吹啊吹的，他们就要变成新月形沙丘了。巨大的穹状沙丘一个接一个，延伸得很远很远。穹状沙丘是庞大的复合沙丘，小沙丘在其上层层叠叠。

（选自《博物》，原题《沙的表情：沙丘和沙纹》，作者彭飞、文星，有删改）

45. 瑰丽：异常美丽，奇特绚丽。
46. 穹：隆起。
47. 凌乱：杂乱而无条理。
48. 层层叠置：一层一层地加在上面。

注释

① 沙纹：沙漠表面类似于水波纹的纹路。（sand ripple）
② 沙丘：沙在风的作用下形成的小山。（dune）
③ 沙丘链：在沙源丰富的情况下，由密集的沙丘联结而成。
④ 新月：农历每月月初出现的弯月，此处指弯月的形状。（new moon）
⑤ 月牙：农历每月月初形状如钩的月亮。
⑥ 库姆塔格沙漠：位于中国西北地区的一个大沙漠。（Kumtag Desert）

练习 Exercises

一 把左边的词语与右边相应的内容连接起来

1. 沙漠　　　　　A. 是才华横溢的设计师
2. 风　　　　　　B. 是由粗细沙粒明暗相间形成的
3. 沙　　　　　　C. 不是毫无生气的世界
4. "羽毛"　　　　D. 实际上就是新月形的沙丘链
5. "羽轴"　　　　E. 是可以随意塑造的材料
6. 线状沙丘　　　F. 是由相互垂直的风形成的
7. 穹状沙丘　　　G. 是沙漠飘逸的饰带
8. 格状沙丘　　　H. 凌乱地撒落在沙漠中的瑰丽的珍珠

二 下面这几组词语意思相近或相关，请查查词典，思考一下，把它们在词义和用法上的主要异同点填在下面的表格里

1. 寂静——肃静

	寂静	肃静
相同点		
相异点		

2. 造就——成就

	造就	成就
相同点		
相异点		

3. 孤立——独立

	孤立	独立
相同点		
相异点		

4. 视野——视线

	视野	视线
相同点		
相异点		

三 根据文章内容选择正确答案

1. 关于沙漠的说法，错误的是：
   A. 并不是一片毫无生气的寂静
   B. 沙纹、沙丘和沙丘链构成了沙漠灵动多变的表情
   C. 沙漠中各孤立的沙丘组成变幻莫测的沙海

2. 关于新月形沙丘，下列说法正确的是：
   A. 是世界沙漠分布最为广泛的"经典"沙丘
   B. 是一砖一瓦垒起来的
   C. 手拉手连在一起形成了新月形沙丘链

3. 关于格状沙丘，下列说法正确的是：
   A. 由新月形沙丘纵横交叉形成的
   B. 在不同方向的风的作用下形成
   C. 骆驼队在主风方向形成的沙埂上行走

4. 关于线状沙丘，下列说法不正确的是：
   A. 是在相互垂直方向的风的作用下形成的
   B. 由新月形沙垄发展变化而来
   C. 体现了沙漠的曲线之美

5. 关于羽毛状沙丘，下列说法正确的是：
   A. 沙漠里散落着很多毛茸茸的羽毛
   B. 羽毛状沙丘是中国沙漠地区的"经典"沙丘
   C. 中间凸出的沙垄由新月形沙丘链构成

6. 关于穹状沙丘，下列说法正确的是：
   A. 完整的穹状沙丘比较常见，它们孤立分布在浩瀚沙海中
   B. 穹状沙丘两侧斜坡较对称
   C. 穹状沙丘是庞大的新月形复合沙丘链

7. 关于沙漠表情的说法正确的是：
   A. 沙漠的表情是灵动多变的
   B. 沙纹是沙漠最常见的景色
   C. 在风的作用下，新月形沙丘链构成了变幻莫测的沙海

8. 下列说法正确是：
   A. 新月形沙丘组成了各种形态的沙丘
   B. 世界各地的沙漠都有相似的表情
   C. 不同方向的风塑造了形态生动的沙丘

四 写作实战练习

问题提示和思考

　　本文主要描述了沙丘和沙纹，它们呈现出极其生动的形态，如同羽毛、珍珠、新月、金字塔，大部分沙丘都不是孤立分布的，它们连绵起伏，组合成变幻莫测的浩瀚无边的沙海。你还能想起和沙漠有关的其他一些现象吗？

写作提示

　　本文语言非常生动活泼，也运用了大量的拟人的写作手法，另外还多处运用了**摹状貌**的写作手法。比如：新月形沙丘"只有将剩余的沙子全部卸下来，沙丘两侧的沙子阻碍少，会跑得更快一些，于是在两侧长出顺风延伸的翼角——新

月就这样生成了";新月形沙丘链,"就是新月形沙丘们手牵手连在一起形成的";还有,羽毛状沙丘"是由于在沙丘的中间有一道凸出的沙垄,很像羽轴,与这道沙垄垂直、分布于两侧的小沙丘则是那毛茸茸的羽毛了"。

所谓摹状貌,是指对事物的特征、事理加以形象化的描摹,使说明更具体、形象、可感。这是说明文中常用的一种写作手法。

写作练习

步骤一:分组

查找资料,分析沙漠各种现象形成的原因。

现象	表现	形成原因	发生条件
现象一:海市蜃楼	在沙漠行走渴不可耐时,看见碧蓝的湖水,却总也走不到。	沙漠地面酷热,受光线折射和反射等影响,人们产生错觉,蔚蓝的天空倒映在地上,形成汪洋万顷的湖面。	大戈壁 夏天 日中
现象二:			
现象三:			
现象四:			

参照例文,同学之间试着把上面的几种现象运用拟人的方式进行解释说明,并做记录。

现象一(海市蜃楼):_____

_____

_____

现象二：_____

_____

_____

_____

现象三：_____

_____

_____

_____

现象四：_____

_____

_____

_____

步骤三：写作

具体要求：

1. 文章内容：

　① 在沙的海洋中有很多奇妙的现象，交流过程中选择一个你感兴趣的现象。

　② 把这种现象总结成文，并尽量用通俗易懂的语言表现出来。

　③ 根据文章内容选择适当的图片，有助于更生动、形象地说明。

　④ 尝试使用拟人的写作手法，使枯燥的解释变得活泼有趣。

2. 写作方法：在文章中运用拟人和摹状貌的手法说明自然现象。

3. 使用词语：在文章中至少使用本课所学的 8 个新词语。

4. 字数：400 字左右。

步骤四：修改并定稿

　　完成作文后请老师提出意见，再根据老师的意见进行修改，最后抄写到作文本或稿纸上，并配以图片，也可以输入电脑并打印出来。

名实相谬的动物

过去,人们曾对许多动物的习性产生过误解,其实……

相思鸟并不相思

有一种鸟叫"红嘴玉",是名贵的品种,又名相思鸟。顾名思义,指它对爱情忠贞不二,雄鸟与雌鸟婚配之后,便终生相伴,形影不离。如果一只死去,另一只也会悲痛不已,绝食而亡。因此,很多文人墨客以相思鸟为题作爱情诗。白居易在《长恨歌》中就把唐玄宗和杨贵妃的爱情用这样的诗句来表达:"在天愿做比翼鸟,在地愿为连理枝"。诗中的"比翼鸟"就是指红嘴相思鸟。

然而,根据动物学家的考察,事实并非如人们想象的那样。曾有人故意给相思鸟交换配偶,结果,它们经过几天的"恋爱",就愉快地夫唱妇随,繁殖起后代来了。在配偶死去之后,它们照常再娶再嫁,所以说相思鸟并不相思。

彩蝶双飞不是爱

梁山伯与祝英台化蝶的故事,堪称中国民间传说中的经典。但是,以蝴蝶的生活习性来说,蝴蝶双飞却正好是爱情破裂的象征。动物学家研究发现,蝴蝶家族种类繁多,他们的寿命从数天至一年多不等。蝴蝶的"爱情"生活更是短暂的,而且它们"谈情说爱"多是在僻静的地方,假如雌蝶发现配偶不合己意,会毅然抛弃,再寻如意"郎君"。等交配完成以后,雌蝶会马上振翅高飞。当雄蝶腾空直追时,就已经到了"彻底决裂"的境地,情断义绝了。

鸵鸟埋头子虚乌有

在报刊上常出现"鸵鸟政策"这一名词。当人们谈及某人或某国自欺欺人的行为时，喜欢用鸵鸟埋头沙里以躲避敌人来比喻。但是动物学家指出，这种比喻毫无根据。

鸵鸟在遇到危险的时候，它们的第一反应就是仓皇逃窜，走为上策。别看鸵鸟笨头笨脑的样子，它们跑起来可与马并驾齐驱。假如躲避不及，鸵鸟便会蜷曲双腿，让自己远远看去像堆杂草，以逃避敌人的视线。

据动物学家介绍，人们从未看见鸵鸟把头埋进沙里。不过，有时鸵鸟也确实会低下头，在靠近地面处探听动静；有时甚至垂下头，放松一下脖子上的肌肉；有时，它们会好奇地把头探进灌木丛里。但是它们从不愿把头埋进沙里，如果它们真的这么做，可能会窒息而死。

"沙漠之舟"本无水

被人们誉为"沙漠之舟"的骆驼能在炙热的沙漠里不吃不喝连续行走10天以上。于是人们从其生理结构上断定驼峰内存储有水。其实，驼峰内储藏的并非水，而是丰富的脂肪。骆驼之所以极度耐渴，首先是驼血中有一种特别高浓缩的白蛋白。这种白蛋白蓄水能力很强，且能有效地保持血液中的水分。其次，骆驼有节约用水和保持水分的机能，它们自身可调节体温，减少水分消耗。另外，骆驼很少出现热性喘息，因此体液散失很少。同时，骆驼的汗腺分布于整个体表，形成了良好的散热"空调"，再加上脂肪在被消化的过程中会产生一定的水，供给骆驼满足一部分生理需要。

鲨鱼本是胆小鬼

有人将鲨鱼称为海洋霸主。无论是在小说还是惊险电影中，它们往往被描写成凶残的杀人恶魔。事实上鲨鱼是地地道道的胆小鬼，它不但不吃人，反而害怕人类。人类如果想接近鲨鱼，必须悄悄地移动，否则会把它吓跑。

也许有人会问，那么鲨鱼吃人的故事都是人们杜撰的吗？鲨鱼之所以会攻击人类，是因为鲨鱼感觉到它的领地受到了侵犯，或是生命受到了威胁，可以说是一种自卫行为。

蛇根本不懂音乐

有人对蛇会随音乐起舞几乎深信不疑。可不是吗，印度玩蛇人对着

第4课　自然与环境

眼镜蛇吹奏乐器时，它们会跟着有节奏地摇摆。其实，这种说法纯属谬误。蛇的听觉很不灵敏，只能听到频率很低的声音。所以它不可能对玩蛇者吹奏出来的音乐有所反应，更不用说随节奏起舞了。

动物学家说，眼镜蛇确实能感觉到玩蛇者在地上轻拍、拿木棒在蛇筐上敲打的震动，一旦蛇感到有动静，便会从蛇筐里摇摇摆摆地探出头来，寻找出击的目标。而蛇之所以要左摇右晃是为了保持其上身能"站立"在空中，这是它们的本能，跟吹奏出的音乐无关。因为一旦停止这种摆动，它就不得不瘫倒在地。

（选自《体验生物：向生命鞠躬》，原题《名实相谬的动物》，作者廖伟良，有删改）

一　读完全文，请你想一想、说一说

1. 请解释本文题目中"名实相谬"一词的含义。
2. 你听说过梁山伯与祝英台的故事吗？讲给大家听一听吧。
3. 海洋杀手鲨鱼是胆小鬼吗？为什么？
4. 你还知道其他动物"名实相谬"的故事吗？如果知道，给大家讲讲。

二　你认为造成动物"名实相谬"现象的原因是什么？

_____
_____
_____
_____

三　写一篇与动物习性有关的日记

第5课 经济与生活

配套资源

阅读（一）

可以说在当今世界上几乎没有人不想成为富人，但最终的结果却是穷人永远比富人多。穷人与富人之间一定会有些不同，要不然就无法解释为什么有些人会成为富人，而有些人辛辛苦苦一辈子还是过着清贫的生活。那么富人们有没有什么成功的秘诀呢？

从穷鬼到富豪：揭秘美国人理财七大秘诀

当然我们所说的富人并不是像比尔·盖茨这样世界顶尖（dǐngjiān）的富豪，如果按照美国拥有100万美元家庭净资产（jìngzīchǎn）①就可以算是富人的话，这对于不少人来说，应是一个可望又可即的目标。

从经济角度看，富人与穷人最大的不同就是他们比穷人有钱得多。被问到他们致富的秘诀（mìjué），他们的回答却很简单，大多是长期精明（jīngmíng）投资、勤奋节俭（jiéjiǎn）。美国媒体（méitǐ）曾就一些百万富翁的成功故事整理出富人理财（lǐcái）的七大秘诀，虽然这些秘诀看起来语不惊人（yǔbùjīngrén），但其中所蕴含（yùnhán）的深刻道理却值得人们去思考。

1. 顶尖：最高水平的。
2. 秘诀：不公开的能解决问题的窍门、办法。（secret of success）
3. 精明：精干聪明。
4. 节俭：生活节省，有节制。
5. 媒体：medium。
6. 理财：管理和经营财产。（financing）
7. 语不惊人：语句平淡，没有令人震惊的地方。
8. 蕴含：包含。

秘诀一：尽早养成好习惯

"7年赚700万"博客博主（bózhǔ）卡特伍德在科技行业自立（zìlì）门户（ménhù）时拼命省钱，节俭度日。今年49岁的他说，很多人在年轻时就过度依赖信用卡预支消费，结果是提前吃掉储蓄（chǔxù），永远省不下钱来。他认为人要想生活得富裕，在年轻时不要想到什么就买什么，让自己被物欲（wùyù）的满足所操纵（cāozòng）。在年轻时，如果能早早养成好的理财习惯，赚的钱才会留在自己的口袋里，也才会真正成为百万富翁。

秘诀二：对自己有信心

科里年轻时几乎把市场上所有能找得到的百万富翁传记（zhuànjì）和自传（zìzhuàn）都读遍了，并从中得到启发，开始投资房地产（fángdìchǎn），结果不到30岁就成为百万富翁。科里说，他是通过读书来寻找这些富人在事业上成功的共同特点的，这样可以帮助自己选择最适合个人的致富道路。最后他发现，几乎所有的富翁都有一个共同特点，就是有无比强的自信心，相信自己绝对可以在财务（cáiwù）上有大成就。这个发现也真的帮助了他，让他年纪轻轻就实现了百万富翁梦。

---

9. 博主：博客的主人。
10. 自立：自己创立。
11. 门户：代指家，这里指独立的公司。
12. 储蓄：把节约下来的或暂时不用的钱物存起来以备用。
13. 物欲：对物质享受的欲望。
14. 操纵：控制，支配。
15. 传记：以记叙人物生平事迹为主的文章。（biography）
16. 自传：以记述自己的生平事迹为主的文章。（autobiography）
17. 房地产：财产中房屋和土地的部分。（real estate）
18. 财务：管理、经营和核算钱财的业务。

秘诀三：替美梦列出具体细节（xìjié）

"邻家的富翁大妈"博客专栏作家史密斯认为，一定要有想成为富翁的梦想，如果自己本身没有这样的梦想，富翁梦那真是成了梦。但仅仅是说出"我想做个有钱人"这样的话，那太空洞（kōngdòng）了，最好能具体地想象，想象您是一个百万富翁时生活是什么样子。譬如要有200万元钱进行投资，然后光靠投资的收益就可以过好日子。这样就可以辞掉工作，去做义工（yìgōng）、旅行、学习打网球和画画儿、与家人一起在沙滩上野餐。史密斯从杂志上剪下她最想去的地方或是她最想做的事的图片，摆在书桌前明显的位置，无时无刻不在提醒自己要努力达成美梦，而最后史密斯确实也实现了自己的梦想。一项调查显示，虽然美国是世界上百万富翁人数最多的国家，但大多数美国人却没有想成为富翁的欲望，他们对小康生活就很满意。因此在美国有些人本来可以有条件成为富翁，但最终却与富翁失之交臂（shīzhījiāobì），这与人们的心态（xīntài）有一定的关系。

秘诀四：买保险，以保护财产

很多人之所以破产，常常是因为离婚、家人去世、伤残疾病或家人无法工作，有的人也会因为家中某次聚会来宾摔倒而付出高额赔偿费而半生的心血（xīnxuè）付之东流（fùzhīdōngliú）。反过来想，为这些不可预料（yùliào）的事故买保险则能保障自己的财富。"平安的百万富翁"作者、著名财经（cáijīng）专栏作家怀尔特指出，许多人认为买的保险根本不够自己所需，或者是买了不需要的保

---

19. 细节：细小的环节或情节。

20. 空洞：不着边际，缺乏实质内容。

21. 义工：自愿参加的无报酬的公益性工作。

22. 失之交臂：形容当面错过好机会。
23. 心态：心理状态。

24. 心血：指心思、精力。
25. 付之东流：比喻心思和精力落空，成果丧失。
26. 预料：指事前做出推测。
27. 财经：财政与经济。

第 5 课　经济与生活

险，这些都是对保险和保险的作用不够了解。在美国如果购买房价较高的住宅，保险公司都会建议屋主购买财产险，这种保险的最大好处就是一旦有外人在屋主私人住宅领域内发生意外，保险公司可以承担相关的赔偿费用。美国一些案例（ànlì）表明，即使是朋友聚会，举办派对（pàiduì），屋主对所有来宾都负有法律上的责任，一旦出现摔倒、碰撞（pèngzhuàng）事故造成人身伤害，屋主是需要赔偿的。

秘诀五：勤奋工作

很多人都认为富翁们之所以有钱，大多是碰到好运气。但是特朗普在《像亿万富翁一样思考》一书中认为，自己成功并不是靠运气，而是勤奋工作的积累。他说，勤奋会带来好运，因为勤劳多半会成功，然后人们就认为好运带来成功。就算是如此，也是因为你运气够好，自己聪明到知道要勤奋工作。而同样的观念在18世纪本杰明·富兰克林就提倡过，他曾表示：越勤奋工作，运气就越好。

秘诀六：逆向（nìxiàng）投资

科里建议在投资方面应与大多数人逆向而行。如果现在股票（gǔpiào）跌得惨，很多人拼命卖出，如果敢逢低买入，一年半载（yìnián-bànzǎi）之后就可能是大丰收。这样的投资法也不仅限于（xiànyú）股票市场，房地产的投资道理亦同。勇于以低价买下法拍屋（fǎpāiwū）[2]，把它分租出去，日后可能会有很大的回报。科里谈的是一种投资策略（cèlüè），而对于很多人而言，关键是要形成投

28. 案例：某种案件的例子。
29. 派对：聚会。（party）
30. 碰撞：物体相碰或相撞；撞击。

31. 逆向：反方向。

32. 股票：stock。
33. 一年半载：一年半年，泛指一段时间。
34. 限于：限制在某个范围内。

35. 策略：为实现目的而采取的手段和方法。

资的观念。中国人有储蓄的观念，但投资的观念却还在慢慢形成中。投资不一定是非要把资金投在房地产、股票证券（zhèngquàn）上，像退休基金（jījīn）等也是一种好的投资方向。美国的理财专家多建议人们从工作开始就拿出一定比例的收入投到退休基金上，而工作30多年到退休时，有效经营的退休基金金额可以在100万美元以上。

秘诀七：量入为出（liàngrùwéichū）

即使是阿姆这样的大明星都会精打细算（jīngdǎ-xìsuàn），不想乱花钱。有一次阿姆看到一只他非常喜欢的手表价值15000美元，他很想买下来。但是他后来认为，还是应该把钱留下来，因为他不想把钱用光，而是希望有钱来供女儿上大学。很多大明星就是因为没有这种想法，结果落得一身债。百万富翁史密斯说，她的理财经验是不要为了赶时髦（shímáo）每月把挣的钱都花光，而是想办法将收入的10%到25%节省下来。要做到这一点，就不要跟风，不要买那些所谓象征身份地位的物品，如时髦的跑车（pǎochē）、豪华（háohuá）的庄园（zhuāngyuán），也不需买太多名牌的皮包、鞋子和服装。

（选自《理财周刊》，原题《从穷鬼到富豪——揭秘美国人理财十大秘诀》，作者乔磊，有删改）

36. 证券：security。
37. 基金：foundation。
38. 量入为出：根据收入的多少来决定开支的限度。
39. 精打细算：多指在使用人力、物力、财力时，计算得很精细。
40. 时髦：合潮流，入时。
41. 跑车：sports car。
42. 豪华：（建筑、器物、设备等）富丽堂皇，以富裕、奢侈为特征的。
43. 庄园：有钱人占有并经营的大片土地。（demesne）

注释

① 净资产：全部资产减去负债后，可以自由支配的资产，即所有者权益。（net asset）
② 法拍屋：由法院查封并拍卖的房子。（foreclosure）

第5课　经济与生活

练习　Exercises

一　选词填空

> 顶尖　语不惊人　博主　操纵　秘诀　蕴含　失之交臂　空洞
> 预料　心血　付之东流　义工　一年半载　量入为出　精打细算　时髦

1. 这位作家新出版的小说因为内容（　　　　）受到广大读者的批评。
2. 他因为马虎，仅仅以一分之差，与北京大学（　　　　）。
3. 他是那种"（　　　　）死不休"的人，他的话常常让人摸不着头脑。
4. 他有很多博友，是个很有名的（　　　　），大家都关注他的动态。
5. 琳达的爸爸是世界电子领域（　　　　）的科学家。
6. 现在越来越多的年轻人利用节假日去养老院等地做（　　　　）。
7. 科学发明不是（　　　　）可以完成的，有很多难以（　　　　）的事情发生，成功向来都没有什么（　　　　）。
8. 过日子就要（　　　　），（　　　　），把钱花在刀刃儿上。
9. 一个穿着很（　　　　）的女孩，拉着一个流浪汉的手在街上走，惹来路人的围观。
10. 这些朴素的话语里（　　　　）着深刻的人生哲理。
11. 脑神经内科的医学专家（　　　　）着尖端医学仪器，治愈了很多脑部疾病。
12. 科学家花费了大量（　　　　），不断研究制冷技术，终于取得了成功。
13. 一场洪水过去，农民们一年的劳动（　　　　）了。

二　根据文章的内容，判断下面的句子是否正确

- [ ] 1. 在美国，拥有1000万对于多数人来说是一个可望而不可及的目标。
- [ ] 2. 有钱人与穷人的最大区别就是有钱人精明投资、勤劳节俭。
- [ ] 3. 读书可以帮助你尽快成为富豪。
- [ ] 4. 富有的人都有良好的理财习惯和精明的投资决策。
- [ ] 5. 为了防止多年的心血付之东流，每个人都应该买保险。
- [ ] 6. 勤奋工作会给你带来好运气。

☐ 7. 如果敢逢低买入股票、基金等，一年半载后就会获得大丰收。

☐ 8. 懂得量入为出、精打细算，才有可能成为富有的人。

☐ 9. 美国是世界上百万富翁最多的国家，所有美国人都有一个富翁梦。

☐ 10. 一个人的心态对其能否成为富翁有很大影响。

三 根据文章内容，用指定的词语完成下面的问题。请不要照抄课文，清楚地理解课文内容后，尽量用自己的话来写

1. 简要说明富豪个人素质的相同点：＿＿＿＿＿＿

> 习惯　自信心　心态
> 细节　勤奋

2. 得到了财富之后如何使之不断增加：＿＿＿＿＿＿

> 保险　心血　付之东流
> 量入为出　精打细算

3. 投资成功的秘诀：＿＿＿＿＿＿

> 逆向　股票　一年半载
> 限于　证券

四 写作实战练习

问题提示和思考

本文中，美国媒体曾就一些百万富翁的成功故事整理出富人理财的几条秘诀，虽然掌握这些秘诀并不一定能成为富翁，但其中所蕴含的深刻道理却值得人们去思考。

第5课　经济与生活

> **写作提示**

　　本文在总结几大理财秘诀时，每一个秘诀都举了实例来作证明。比如，秘诀二中科里年轻时几乎把市场上所有能找得到的百万富翁传记和自传都读遍了，并从中得到启发，开始投资房地产，结果不到30岁就成为百万富翁。这就是**举例子**的写作方法。

　　所谓"举例子"，就是举出实际事例来说明，使所要说明的事物具体化，以便读者理解。

> **写作练习**

步骤一：搜集记录

　　请你阅读成功人士的传记等相关书籍，并观看知名人士的访谈节目，记录他们的成功秘诀和人生感悟。

资料记录：

1）_____

_____

2）_____

_____

3）_____

_____

节目记录：

1）_____

_____

2）_____

_____

3）_____

_____

步骤二：交流分享

将自己整理的记录结果与全班同学交流分享，并从交流心得中概括整理出几条成功秘诀。

	内容	概括为一句话
秘诀一		
秘诀二		
秘诀三		
秘诀四		
秘诀五		
……		

步骤三：写作

具体要求：

1. 文章内容：

   ① 记录成功人士和知名人士等的成功秘诀和人生感悟。

   ② 在与其他同学交流之后概括出所得的成功秘诀。

   ③ 与课文中的七大秘诀进行对比，尝试补充三条新的秘诀。

2. 写作方法：参照课文，使用举例子的说明方法和议论文中的例证法，可以使内容更具体，更有说服力。

3. 使用词语：在文章中至少使用本课所学的8个新词语。

4. 字数：600字左右。

第 5 课　经济与生活

步骤四：修改并定稿

本课只列了七条秘诀，请你续写三条新的秘诀，按照原文的写作形式，并运用举例子的写作方法。（要求：每条秘诀不少于 200 字）

秘诀八：_____

_____

_____

_____

_____

秘诀九：_____

_____

_____

_____

_____

_____

秘诀十：_____

_____

_____

_____

_____

_____

阅读（二）

一直以来，满载祝福的吉祥话可以说是全世界的共同语言，即使在现代通信日渐发达的今天，贺卡这一传统的祝福方式仍是全球通用的，受到人们普遍欢迎。小小的一纸卡片，体现着厚重的历史积淀和情感聚合，体现着一种无以复加的亲和力。它是人类的"公使"，它的频频出访，将你我的距离拉近。

贺卡，存储你的私家记忆

朋友在欧洲生活多年，她觉得，尽管网络时代电子贺卡（hèkǎ）成风，但在欧洲，寄送贺卡的传统与礼俗（lǐsú）仍然很好地保存着。对生活在那里的人来说，亲手写出和寄出的贺卡，似乎承载（chéngzài）着一种文化。朋友感慨（gǎnkǎi）地说，就连自己常坐的那家航空公司，也会每年准时寄给她一张精美的生日贺卡，而不是往她的电子邮箱中发一张虚拟（xūnǐ）的电子贺卡。

公认最早的现代圣诞卡上的贺词，就是一起祝福（zhùfú）圣诞和新年的。有趣的是，第一张圣诞卡的设计画面引来了公众（gōngzhòng）的批评。因为在幸福的一家人阖家（héjiā）团聚、其乐融融（qílèróngróng）的画面中，有一个儿童也在举杯喝酒，这违背（wéibèi）了当时的社会道德标准。贺卡设计者一气之下，第二年圣诞没再设计贺卡，结果其他商家跃跃欲试（yuèyuè-yùshì），纷纷获益。

日本：注重传统礼仪（lǐyí），流行贺卡文化

日本人性格含蓄（hánxù）、注重传统礼仪，每到新年时，都要寄送贺卡，以此表达对亲人、朋友的关爱（guān'ài）及祝福之情。这种传统习俗至今依然魅力十足（mèilì shízú），每年1月1日早晨起床后收到一叠亲朋好友（qīnpéng-hǎoyǒu）寄来的形形色色（xíngxíngsèsè）的贺年卡，已成为很多

---

1. 贺卡：表示问候或祝福的一种卡片。

2. 礼俗：礼仪习俗。

3. 承载：承受装载。

4. 感慨：因有所感触而发出感叹。

5. 虚拟：高度逼真地模仿真实事物。

6. 祝福：对人美好的祝愿和希望。（bless）

7. 公众：大众，大家。

8. 阖家：全家。
9. 其乐融融：形容十分欢乐、和睦。

10. 违背：违反，不遵守。

11. 跃跃欲试：形容急切地想试一试。

12. 礼仪：礼节和仪式。

13. 含蓄：（思想、情感等）表达委婉，耐人寻味。

14. 关爱：关怀爱护。
15. 魅力十足：形容极具吸引力。

16. 亲朋好友：亲属、朋友。

17. 形形色色：指各式各样，种类很多。

日本家庭迎接新年的第一件乐事。

在电话、手机、互联网日益普及的今天，传统贺卡为什么能在日本有如此强大的生命力呢？那是因为在日本自古就有用贺年书信向远方的朋友恭贺（gōnghè）新年的习俗。日本人崇尚（chóngshàng）贺卡的祝福方式离不开日本邮政（yóuzhèng）对贺卡的大力推广。在漫长的发展过程中，日本邮政非常注重产品创新，尤其是适时（shìshí）推出了更有科技含量、更环保（huánbǎo）的产品。2009年新年的时候，一个高20.5米的邮筒（yóutǒng）就竖立在日本东京六本木新城森大厦前，以鼓励人们邮寄新年贺卡。这个巨型（jùxíng）邮筒成为新年里一道亮丽（liànglì）的风景。

英国：贺卡是生活的必需品

贺卡在英国叫作问候卡，从这个名称就可以看出来，这些美丽而精致的卡片对英国人来说，不是生活的点缀，而是生活的必需品。

圣诞卡和圣诞树一样，是西方圣诞文化的一部分。由于英国近年提倡简单生活，有些家庭不再买圣诞树，但圣诞卡却绝不能没有。所有的人家都把收到的圣诞卡摆放在家里最显眼的地方，有的在壁炉（bìlú）上方的台面上层层排列，有的在长条案几（ànjī）上一溜（liù）排开，还有的在一面墙上拉几根细绳，打开的贺卡一排排挂在绳子上，像各国海军舰艇（jiàntǐng）在隆重欢迎仪式上挂满的彩旗。

英国人的家庭关系可能不像中国人这样紧密，因此圣诞节、母亲节、父亲节、生日这些特殊日子的贺卡就显得格外重要。还有一些多年不见的朋

18. 恭贺：向人表示祝贺。
19. 崇尚：尊崇，提倡。
20. 邮政：国家专门负责寄送信件、物品的通讯机构。
21. 适时：时间上正合适。
22. 环保："环境保护"的简称。
23. 邮筒：指邮局设在路旁供投寄信件的信筒。（postbox）
24. 巨型：指外形上非常大。
25. 亮丽：明亮美丽。

26. 壁炉：在室内靠墙砌成的生火取暖的设备。（fireplace）
27. 案几：桌子。
28. 溜：行，列，排。

29. 舰艇：各种军用船只的总称。

友，甚至儿时的伙伴，也都靠这些问候维系着友情。一张送给兄弟的圣诞卡上写道："兄弟，一年里的每一天，你对我的意义都非同寻常（fēitóng-xúncháng）。尽管你已经知道，我还要告诉你，我对你的思念、对你的爱和因你而产生的自豪，是无法用文字和语言来表达的。"

英国人不那么善于口头表达自己的感情，他们更愿意使用文字和色彩来传达（chuándá）心意。所以在英国，每个城镇（chéngzhèn）都有很多专门出售贺卡的商店，大超市、小商店、文具店、图书馆等都有贺卡专柜（zhuānguì）。

美国：多元化（duōyuánhuà）的贺卡文化

在美国，贺卡的种类很多，除了圣诞节、万圣节（Wànshèng Jié）①、复活节（Fùhuó Jié）②这些节日卡外，还有婚礼卡和感谢卡。美国人喜欢自制贺卡，这与美国崇尚个性相关。人们喜欢将自己的生活照制作成贺年卡，在新年时寄送给亲朋好友，一方面是表达祝福，同时向亲朋好友传递（chuándì）自己幸福、快乐的生活现状。

而美国政府在贺卡文化的推广上同样不遗余力（bùyí-yúlì）。美国邮政每年都要举办规模庞大（pángdà）的贺卡及书信月活动。在活动中，用户登录（dēnglù）相关网站订购（dìnggòu）贺卡，之后，便会收到美国邮政寄来的贺卡和一个免费的信封。美国邮政希望用户放下手机和电脑，花几分钟时间，用手中的笔书写贺卡，用实物贺卡替代电子邮件或短信。

即使在互联网时代，我们仍有足够的理由保持住这份贺卡文化。真正让你心动（xīndòng）的贺卡，

30. 非同寻常：形容人或事物很突出，不同于一般。

31. 传达：传递表达。
32. 城镇：城市和集镇。

33. 专柜：以一项或几项独特商品为特色的柜台。（shoppe）

34. 多元化：多种多样的。（diversification）

35. 传递：由一方交给另一方。

36. 不遗余力：把全部力量都使出来，一点儿不保留。
37. 庞大：很大的规模，巨大。

38. 登录：login。
39. 订购：提前约定购买。

40. 心动：内心有所触动。

会承载你的情感,成为你生活中的一部分,它会待在那里,静静地替你存储一份私人历史。它对你的影响力,也会更持久。当然,比起虚拟世界,它也更真实,仿佛在提醒我们,生活中,许多东西可以与网络、与电脑无关。

(选自《中国青年报》,原题《贺卡——存储你的私家记忆》,作者林燕,有删改)

注释

① 万圣节:西方一个重要的节日,在每年的11月1日。(All Hallowmas' Day)
② 复活节:西方一个重要的节日,在每年春分月圆之后第一个星期日。(Easter Day)

练习 Exercises

一 把左边的词语与右边相应的意思连接起来

1. 礼俗   A. 向人表示祝贺
2. 传递   B. 全部力量都使出来,一点儿不保留
3. 其乐融融   C. 表达委婉,耐人寻味
4. 跃跃欲试   D. 指各式各样,种类很多
5. 巨型   E. 时间上正合适
6. 含蓄   F. 提前约定购买
7. 魅力十足   G. 礼仪习俗
8. 适时   H. 由一方交给另一方
9. 崇尚   I. 形容急切地想试一试
10. 非同寻常   J. 形容十分欢乐、和睦
11. 心动   K. 尊崇,提倡
12. 不遗余力   L. 外形上非常大
13. 订购   M. 形容特别吸引人
14. 恭贺   N. 内心有所触动
15. 形形色色   O. 形容人或事物很突出,不同于一般

二、下面各组词语意思相近或相关,请查查词典,思考一下,然后把它们在词义和用法上的主要异同点填在下面的表格里

1. 必须——必需

	必须	必需
相同点		
相异点		

2. 关爱——关注

	关爱	关注
相同点		
相异点		

3. 庞大——巨大

	庞大	巨大
相同点		
相异点		

4. 礼仪——礼俗

	礼仪	礼俗
相同点		
相异点		

三 根据文章内容选择正确答案

1. 关于贺卡，下列说法正确的是：
    A. 网络时代的电子贺卡已经取代了手写贺卡
    B. 亲手写出和寄出的贺卡承载着一种文化
    C. 航空公司每年圣诞节都会给客户发电子贺卡

2. 关于日本贺卡，说法错误的是：
    A. 日本人常常使用贺卡来表达对亲人、朋友的关爱及祝福之情
    B. 日本人崇尚贺卡的祝福方式
    C. 日本的纸质贺卡都是日本邮局发行的

3. 关于英国贺卡的说法正确的是：
    A. 美丽而精致的贺卡对英国人来说是生活的点缀
    B. 英国的贺卡分很多种，问候卡是比较常见的
    C. 圣诞卡和圣诞树一样是西方圣诞文化的一部分

4. 关于美国贺卡的说法正确的是：
    A. 美国的贺卡也叫节日卡
    B. 美国人喜欢自制贺卡，在新年时寄给亲朋好友表达祝福
    C. 美国邮政每年都举办贺卡及书信月活动

5. 关于购买贺卡，下列说法正确的是：
    A. 纸质贺卡至今仍然存在离不开各国邮政的支持
    B. 日本人每年都可以通过一个高 20.5 米的邮筒寄送自己的贺卡
    C. 在英国的小镇很难买到贺卡

6. 关于贺卡的风格，下列说法正确的是：
   A. 日本是比较注重传统的国家，贺卡也以几个传统样式为主
   B. 到每个英国人家里都可以看到英国人自制的不同样式的贺卡
   C. 美国人喜欢将自己的生活照制作成贺卡，寄送给朋友表达祝福，同时可以传递自己的生活现状

7. 根据文章内容，下列说法正确的是：
   A. 电子贺卡越来越流行，纸质贺卡渐渐淡出了人们的生活
   B. 亲手写一张贺卡寄给亲朋好友，传递一份祝福的同时更包含着一份情感
   C. 电子贺卡可以长期保存，成为一份私人的历史

8. 下列说法正确的是：
   A. 现在是互联网时代，没有理由保存贺卡文化
   B. 贺卡已成为各国人民生活的必需品，可以给亲人朋友送去问候
   C. 电子贺卡无法完全取代纸质贺卡所蕴含的文化内容

四 写作实战练习

问题提示和思考

　　本文说明的是在互联网时代，我们仍有足够的理由继续将贺卡文化传递下去。首先，它比电子贺卡更有深度。收到一封纸质的书信或贺卡，心理上会与看电子邮件有所不同。其次，真正让你心动的贺卡，会承载你的情感，成为你生活中的一部分，并且它会待在那里，静静地替你存储一份私人历史，它对你的影响力，也会更持久。

写作提示

　　本文在说明贺卡是英国生活的必需品时，引用了一张送给兄弟的圣诞卡上的内容："兄弟，一年里的每一天，你对我的意义都非同寻常。尽管你已经知道，我还要告诉你，我对你的思念、对你的爱和因你而产生的自豪，是无法用文字和语言来表达的。"作者以引用的这段话来说明英国人不那么善于口头表达自己的感情，他们更愿意使用文字和色彩来传达心意。

　　直接引用是在说话和行文中，直接引述别人的原话，一般前后要加引号，借以在说明问题、阐明观点时增强说服力，加强真实性。

第 5 课　经济与生活

写作练习

在你的生活中，纸质贺卡给你留下过什么美好的回忆吗？你觉得它和电子贺卡有什么不同？

步骤一：对比概括

请你概括自己国家表达节日祝福的常用方法，并思考传统方式和现代方式有什么不同。

节日名称	传统方式	现代方式
春节	登门拜年	发微信祝福 / 打电话拜年

步骤二：讨论后列出大纲

全班分成两个小组，讨论自己国家常用的表达祝福的方法，传统方式与现代方式的利与弊，并由一人记录，最后，选一成员代表本组发言。

1）国别、节日：_____

_____

_____

2）国别、节日：_____

_____

_____

3）国别、节日：＿＿＿＿＿＿＿＿＿＿＿＿＿＿＿＿＿＿＿＿＿＿＿＿＿
＿＿＿＿＿＿＿＿＿＿＿＿＿＿＿＿＿＿＿＿＿＿＿＿＿＿＿＿＿＿＿＿＿
＿＿＿＿＿＿＿＿＿＿＿＿＿＿＿＿＿＿＿＿＿＿＿＿＿＿＿＿＿＿＿＿＿

步骤三：写作

具体要求：

1. 文章内容：
   ① 概括几个国家表达节日祝福的常用方法。
   ② 对比节日祝福时传统方式和现代方式的不同。
   ③ 分析传统与现代祝福方式的利弊。
   ④ 总结概括所提到国家表达祝福的方式的演变，并分析其特点及成因。
2. 写作方法：采用对比形式，并参照原文，使用直接引用的写作方法，引入现成的语句（包括诗文、成语、谚语等），加强文章的准确性和生动性。
3. 使用词语：在文章中至少使用本课所学的 8 个新词语。
4. 字数：600 字左右。

步骤四：修改并定稿

完成作文后请老师提出意见，再根据老师的意见进行修改，最后抄写到作文本或稿纸上，也可以输入电脑再打印出来。

补充阅读与思考

借你一生

晚餐时，不知什么东西塞进大牙，突然疼起来，吃了两次止痛药都不管用。

幸亏牙医是我每周一起打球的老朋友，第二天特别为我安排时间。

"怎么蛀了这么一个大洞都不知道？"他才看一眼就叫起来："看样子得抽神经，你多久没来了？"

"很久！"我说。

第5课　经济与生活

"为什么不来？每个礼拜我们都打球，你却不来看牙。"

"都是你害的！"我笑笑，"因为我每次看牙，你都不收钱，害我不好意思去了，一拖再拖，出了问题。"

人情，有时候很麻烦。

三十年前就有体验，那时越洋电话费很贵，每次出国住朋友家，我都要求主人月底收到账单之后，把我打的电话勾出来交给我，由我付费。

如果主人是洋朋友，或已经很西化的中国人，会照做。否则就麻烦了，即使主人的经济情况很差，也死活不愿收钱。

这么一来，我反而不敢打电话了。非但不敢往隔海的台湾打，连当地的长途电话也不好意思拨。

其实我自己不久之前也犯了这毛病——一位多年不见的洋学生突然打电话来，说需要两支新毛笔。我说："你来啊！我剩很多。"

她跟着到了，挑了两支，问多少钱。

我说那是十几年前进的货，早忘了价钱，更不知道现在的行情，就算我送的小礼物好了。

没想到隔一阵子，听一个中国学生说，那找我买毛笔的洋学生又跑去托她买。

"她为什么不直接找我呢？"我不解地问。

"她说了，因为您不收她的钱。"

看香港已逝明星梅艳芳的纪念报道，说梅姑为人海派，朋友有急，很少拒绝。但是梅姑往往借出一笔钱，就失去一个朋友，好多朋友反而因此愈走愈远。

许多人一定都会有同样的感触，怪不得俗话说："借出了钱，借出了朋友。"

也便相对地有人说："借出一笔钱，认识一个朋友。"

我有个学生在大陆，因为做生意急需，我就托北京的出版社把一笔版税移给他。

起初那学生还偶尔提到他欠我一笔钱，后来则透过出版社的朋友说："他记得这么一笔钱，必定会还。"再隔两年，便再也没消息了。连我去北京，都避不见面。

我的一个远房亲戚也一样，借他一笔钱，先说很快会还，甚至在拜年时说过两天就拿支票给我。

接着，非但没接到支票，而且从此失去了音讯。

有一回到他妈妈那儿，看见他一家出国旅游的照片，知道他事业顺心、家庭美满。

好几次拿起电话，想拨给他，又放下了。不是怕他不还钱，而是怕他接到我的电话，认为我向他讨债。

我早已经不想钱，想的是"情"。但为了钱，伤了情。最近终于想出个办法，要另一半写信给他，说那笔钱不用还了，算我给他两个孩子的结婚礼物吧！没想到太太反对："说不定他认为你早已经忘了，你这一写信，不是反而让他发现你还念着吗？"

跟这亲戚比起来，我的一个朋友做得更绝。

自从他在美国研究所念一半，被退学，自己出来闯天下，就不曾回国看他的父母，据说连一封信也没写过，只从其他兄弟那边打听些老家的消息。

"因为你父母对你不好吗？你记恨？"我问他。

"不！是因为他们对我太好。我是全家最会读书的，他们为我付出最多，对我的期盼最高，还借我一大笔钱，而我……"他突然不说了，沉吟了一下，笑笑："你以为项羽不想回老家吗？他真想死吗？但是他有什么颜面见江东父老？所以我早告诉自己，没有了不得的成就，绝不回去！"

据说去年他父母先后过世了，他知道，但没回去。而今连跟几个兄弟都不再联络。

怪不得我母亲在世的时候常说"疥（jiè）比癞（lài）更痒痒"。意思是"借"钱的人比"赖"账的人还不舒服。

借是一门大学问，"借"得不妙，只怕会把那欠的人推得更远，远得即使最亲的人，都再难见面。

即使借的人不怨一辈子，受的人也可能亏欠一生。

（选自《杂文选刊（职场版）》，原题《借你一生》，作者刘墉，有删改）

第 5 课　经济与生活

一 读完全文，请你想一想、说一说

1. 对文章第七段"人情，有时候很麻烦"，你是如何理解的？你觉得"讲人情"有必要吗？
2. "借出了钱，借出了朋友。"和"借出一笔钱，认识一个朋友。"你赞同哪种做法？为什么？
3. 如果遇到朋友借钱不还，你有什么处理办法？

二 调查你身边的同学或朋友，他们有哪些比较特别的借钱或还钱的经历？

_____
_____
_____
_____
_____
_____

三 写一张不少于 200 字的借条

_____
_____
_____
_____
_____
_____
_____

第 6 课　人才与教育

配套资源

阅读（一）

无论你认为自己多么不幸，在这个世界上永远有比你更不幸的人！
无论你认为自己多么成功，在这个世界上永远有比你更强大的人！

——国际著名激励大师　约翰·库缇斯

坚韧（jiānrèn）造就的传奇

有这么一个人，在他19岁那年滑雪时，与朋友做游戏，要从朋友张开的双腿间滑过去，结果却撞在了朋友身体上，折断了脖子，导致全身瘫痪。自此以后，这个高大英俊（yīngjùn）的青年变成了只能摇头的残疾（cánjí）者，一辈子只能依靠轮椅（lúnyǐ）生活。

再说第二个人，他会驾驶汽车，会开轮船，并且还成了飞行员，能自由驾驶飞机在空中翱翔（áoxiáng）。当他33岁的时候，竞选温哥华①市议员（yìyuán）成功了。在连续做了12年议员后，他又被温哥华市民推上了市长的宝座（bǎozuò）。

还有第三个人，他是工商管理硕士②，是多个非营利（yínglì）助残（zhùcán）团体的创建（chuàngjiàn）人，是多种助残设备的发明人，还是加拿大勋章（xūnzhāng）③获得者。他热心社会公

1. 坚韧：坚固有韧性。

2. 英俊：容貌俊秀又有精神。

3. 残疾：肢体、器官等因伤病而缺损或严重变形。（diformity）

4. 轮椅：装有轮子的椅子，一般供行走困难的人使用。

5. 翱翔：在空中回旋地飞。

6. 议员：在议会中有正式代表资格，享有表决权的成员。（assemblyman）

7. 宝座：指帝王或神佛的座位，多用于比喻非常重要的位置。

8. 营利：追求利润，谋求利益。

9. 助残：帮助残疾人。

10. 创建：建造，建立。

11. 公益：有关社会公共的福利和利益的活动（多指卫生、救济等群众福利事业）。

益（gōngyì）事业，无论走到哪里都能受到众人的欢迎。

以上这三人怎么样？单说某一人也没什么，可是如果说这三个人其实就是一个人，那就很富有传奇（chuánqí）色彩了。事实上，他们原本就是同一个人——加拿大的萨姆·苏利文，一个不折不扣（bùzhé-búkòu）的奇人。

苏利文是如何由一个重症（zhòngzhèng）残疾人变成一个奇人的呢？

在折断脖子后的几年里，待在家里的苏利文陷入（xiànrù）了选择生还是死的挣扎中。他把受伤前打工赚的钱都取了出来，买了辆专门为残疾人设计的汽车。为了不让父母太伤心，他设计了开车坠崖（zhuìyá）这种自杀方式。所幸的是，他的几次"坠崖练车"都没有成功。此后，坚强的苏利文不忍再拖累（tuōlěi）两位老人，便毅然决然（yìrán-juérán）地离开了家，搬到了一个半公益半营利性的公寓。

一天晚上，苏利文又一次独自在房间中品味（pǐnwèi）绝望的痛苦。他盯着空白（kòngbái）的四壁，感觉自己的生命就像它们一样空虚（kōngxū）。他坐着轮椅来到了户外（hùwài），看到远处城区正掩映（yǎnyìng）在落日余晖（yúhuī）中。他想那里有沸腾的生命活力，人们正在摇动着生活的风帆（fēngfān）向前航行。此刻，苏利文忽然想到自己的大脑很好用，也能够独立吃饭穿衣，甚至还能微笑。苏利文决心要成为他们中的一员，他也要做一个完整的人，他要工作。苏利文此时对自己说道："受伤前我有十亿个机会，而现在我还

12. 传奇：指情节离奇或人物行为超越寻常的故事。
13. 不折不扣：没有折扣，表示完全、十足的意思。
14. 重症：患有严重疾病的。
15. 陷入：比喻深深地进入（某种境界或思想活动中）。
16. 坠崖：从山的高处落下。
17. 拖累：因事连累到别人，使别人也受到损害。
18. 毅然决然：形容态度非常坚定果断。
19. 品味：仔细体会。
20. 空白：空着，没有填满或没有被利用的部分。
21. 空虚：里面没有什么实在的东西，不充实。
22. 户外：与"室内"相对，指室外。
23. 掩映：相互遮掩而又映照衬托。
24. 余晖：傍晚的阳光。
25. 风帆：船帆，此处比喻生活的方向。

有五亿个。"从那一刻起，一个新的萨姆·苏利文诞生了。

　　从那以后，苏利文广泛涉猎（shèliè）知识，勇于（yǒngyú）挑战（tiǎozhàn）生活。他不但学会了驾驶飞机，而且还教会了另外20位残疾人飞行。由于温哥华的华人超过三分之一，在加拿大土生土长（tǔshēng-tǔzhǎng）的苏利文还学会了中国广东话，这在他以后的竞选中收效（shōuxiào）奇特。苏利文一讲广东话，就会得到华人的掌声和鼓励。市长选举中，华人几乎把选票都投给了苏利文。

　　是什么神秘的力量将这传奇经历赋予了苏利文？

　　答案是不屈不挠（bùqū-bùnáo）地与生活抗争（kàngzhēng）的精神，这是一种坚韧的品质。他曾说过：一个人能走多远取决于他面对挑战时的表现，这与他是否坐轮椅无关。

　　（摘自《文苑》，原题《坚韧造就的使命》，作者胡莉莉，有删改）

26. 涉猎：广泛粗略地接触。
27. 勇于：在困难面前不害怕，不退缩。（后面接动词）
28. 挑战：鼓动对方与自己竞赛。
29. 土生土长：当地出生，当地长大。

30. 收效：取得成果。

31. 不屈不挠：比喻在压力面前不屈服，表现十分顽强。
32. 抗争：对抗，斗争。

注释

① 温哥华：加拿大西部第一大城市。（Vancouver）
② 工商管理硕士：MBA。（Master of Business Administration）
③ 加拿大勋章：是加拿大的最高平民荣誉，创立于1967年，以此认可加拿大人对国家的终生贡献。

第 6 课　人才与教育

练习　Exercises

一　把左边的词语与右边相对应的意思连接起来

1. 传奇　　　　　　　A. 在空中回旋地飞
2. 陷入　　　　　　　B. 比喻非常重要的位置
3. 挑战　　　　　　　C. 指情节离奇或人物行为超越寻常的故事
4. 营利　　　　　　　D. 表示完全、十足的意思
5. 风帆　　　　　　　E. 喻深深地进入某种境界或思想活动中
6. 涉猎　　　　　　　F. 形容态度非常坚定果断
7. 余晖　　　　　　　G. 比喻生活的方向
8. 宝座　　　　　　　H. 傍晚的阳光
9. 翱翔　　　　　　　I. 广泛粗略地接触
10. 品味　　　　　　 J. 鼓动对方与自己竞赛
11. 坚韧　　　　　　 K. 追求利润，谋求利益
12. 收效　　　　　　 L. 比喻在压力面前不屈服，表现十分顽强
13. 不折不扣　　　　 M. 取得成果
14. 毅然决然　　　　 N. 不动摇，不改变
15. 不屈不挠　　　　 O. 仔细体会

二　根据文章内容及三张面孔中的提示，把每张面孔中的内容补充完整

第一张面孔

| 19 岁那年 |
| 高大英俊 |

第二张面孔

| 会驾驶汽车 |
| 登上市长宝座 |

第三张面孔

| 获得加拿大勋章 |

这三个人其实是 _____

三 根据文章内容回答问题，用提示的词语完成下面的问题。请不要照抄课文，清楚地理解课文内容后，尽量用自己的话来写

苏利文是如何由一个重症残疾变成一个奇人的？

1. 在折断脖子的最初几年里，苏利文是如何度过的？

_____
_____
_____
_____

> 陷入　挣扎　设计
> 拖累　毅然决然
> 半……半……

2. 有一天是什么情况触动了苏利文，从此一个新的苏利文诞生了？

_____
_____
_____
_____

> 品味　空白　空虚
> 掩映　余晖　沸腾
> 风帆　完整

3. 新的苏利文取得了哪些成就？是什么神秘力量赋予了他这样的传奇经历？

_____
_____
_____
_____
_____

> 涉猎　挑战　竞选
> 土生土长　收效
> 不屈不挠　抗争　坚韧
> 取决于

四 写作实战练习

问题提示和思考

　　有人说，生命是短暂的，如若昙花，恰似流星。有些人身体是残缺的，可他们的生命并不是。2008年9月5日早上，加拿大温哥华市市长萨姆·苏利文在北京中华世纪坛完成了残奥会火炬第二棒的传递。

第6课 人才与教育

写作提示

在人的一生中，都会遇到各种各样的挑战，有的人敢于面对，有的人却选择了退缩。身体的残疾不能击垮人生活的勇气，也不能阻止人享受生活的权利。

本文采用了**设问**的写作手法，设问的目的是为了突出所要议论的主题，线索清晰，以自问自答的形式吸引读者的兴趣，深化主题。

写作练习

步骤一：了解并介绍

了解你身边是否有这种身残志不残的朋友，或者通过其他渠道了解身残志坚的人物事迹。（请介绍两三位）

例：在中国也有个奇人，她叫张海迪，5岁时胸部以下全部瘫痪。她没有进过学校，自学成才。她自学了针灸、无线电修理技术，为当地老乡提供无偿帮助，还自学了英语、日语、德语和世界语，翻译了近20万字的外文著作和资料。她喜欢唱歌、弹钢琴、画油画。

1)_____

2)_____

3)_____

步骤二：讨论后列出大纲

分析他们是如何像苏利文一样从对生活失去信心和希望的阴影中走出的，勇敢地面对生活，不断挑战自己极限的。

例：5岁时，当医生们认为像张海迪这样高位截瘫的病人活不过27岁时，在死神的威胁下，她意识到自己的生命也许不会长久了，她为没有更多的时间而难过，更加珍惜自己的分分秒秒，用勤奋的学习和工作去延长生命。她在日记中写道："我不能碌碌无为地活着，活着就要学习，就要多为群众做些事情。既然是颗流星,就要把光留给人间,把一切奉献给人民。"1997年张海迪被日本NHK电视台评为"世界五大杰出残疾人"之一;2008年,张海迪当选中国残联第五届主席团主席。

1)＿＿＿＿＿＿＿＿＿＿＿＿＿＿＿＿＿＿＿＿＿＿＿＿＿＿＿＿＿＿＿＿＿＿＿
＿＿＿＿＿＿＿＿＿＿＿＿＿＿＿＿＿＿＿＿＿＿＿＿＿＿＿＿＿＿＿＿＿＿＿＿
＿＿＿＿＿＿＿＿＿＿＿＿＿＿＿＿＿＿＿＿＿＿＿＿＿＿＿＿＿＿＿＿＿＿＿＿

2)＿＿＿＿＿＿＿＿＿＿＿＿＿＿＿＿＿＿＿＿＿＿＿＿＿＿＿＿＿＿＿＿＿＿＿
＿＿＿＿＿＿＿＿＿＿＿＿＿＿＿＿＿＿＿＿＿＿＿＿＿＿＿＿＿＿＿＿＿＿＿＿
＿＿＿＿＿＿＿＿＿＿＿＿＿＿＿＿＿＿＿＿＿＿＿＿＿＿＿＿＿＿＿＿＿＿＿＿

3)＿＿＿＿＿＿＿＿＿＿＿＿＿＿＿＿＿＿＿＿＿＿＿＿＿＿＿＿＿＿＿＿＿＿＿
＿＿＿＿＿＿＿＿＿＿＿＿＿＿＿＿＿＿＿＿＿＿＿＿＿＿＿＿＿＿＿＿＿＿＿＿
＿＿＿＿＿＿＿＿＿＿＿＿＿＿＿＿＿＿＿＿＿＿＿＿＿＿＿＿＿＿＿＿＿＿＿＿

步骤三：写作

具体要求：

1. 文章内容：

① 选择一位或两位你身边或者其他渠道所了解的身残志坚的人物。

② 介绍一下他们战胜自己的病痛或残疾,顽强生活的事迹。

③ 分析这些人物具有什么样的精神品质。

④ 通过对以上几个人物事例的分析,写出你的人生感悟。

2. 写作方法：按照人物及事例的主次轻重,采用设问的写法来完成文章。

3. 使用词语：在文章中至少使用本课所学的8个新词语。

4. 字数：700字左右。

步骤四：修改并定稿

　　完成作文后请老师提出意见,再根据老师的意见进行修改,最后抄写到作文本或稿纸上,也可以输入电脑再打印出来。

第6课　人才与教育

阅读（二）

《虎妈战歌》(Battle Hymn of the Tiger Mother)发行后,《华尔街日报》刊登书摘,配以"为什么中国妈妈更优秀"的标题,立即在全美,甚至全球引起热议。中国家长对自己的孩子"高标准、严要求",强调一生快乐远远胜过一时的快乐。那么,在你看来中西方子女教育方式孰优孰劣呢?

教子之道

"富不过三代"①是中国的俗话。我在美国住了十几年,并没听过这种说法。相反的,经常看到的是财富世代相传(shìdài-xiāngchuán)。再认真观察,发现这种世代相传的,其实并不一定是财富,而是创造财富的技能和素质。

这种比金钱更有价值的东西,可以称为成功的"品格(pǐngé)"。而这种品格的传承(chuánchéng),需要通过教育来完成。我把这种教育的精髓(jīngsuǐ)归结(guījié)为"华尔街②原则"。华尔街并不仅仅是股票交易场所,也不仅仅是金融(jīnróng)家、律师汇聚(huìjù)的场所,其实,大部分美国人都拥有股票。在这个意义上,他们都属于华尔街。所谓"华尔街原则"就是他们具有某种基本的成功素质。比如把钱省下来,节制(jiézhì)眼前的享乐,有长远的打算,懂得用钱来生钱等等。

第一,让孩子花自己的钱

华尔街成功的投资家有两大基本素质:第一,知道推迟欲望的满足;第二,知道如何审慎(shěnshèn)地冒险。这其中的第一项,不仅对投

---

1. 世代相传:祖祖辈辈传下来。
2. 品格:品行风格。
3. 传承:一代代继承。(heritage)
4. 精髓:最重要的部分,比喻事物的精华。
5. 归结:总括而求得结论。
6. 金融:指货币的发行、流通和回笼,贷款的发放和收回,存款的存入和提取,汇兑的往来等经济活动。(banking; finance)
7. 汇聚:聚集。
8. 节制:限制,控制。
9. 审慎:仔细小心,避免错误。

资家,对几乎所有的人都是成功的关键。美国有专门的调查显示,那些忍受时间最长的孩子,智商(zhìshāng)最高,日后学业也最突出。相反,那些急于满足自己小欲望而不努力的孩子,智商低,学业也差。

家长对孩子的爱是无条件的。这是人类繁衍(fányǎn)的伟大本能。不过,这种无条件的爱弄不好会在早期误导(wùdǎo)孩子。解决的办法是让孩子觉得是在花自己的钱。比如去餐馆,孩子爱要饮料,如果家长宣布:"如果你不喝饮料,我把省下来的1元钱给你。"许多孩子就不喝了。他们意识到是在花自己的钱,希望节省。这就是资本积累③,日后投资的第一步。

第二,教理财,更要培养领袖的素质

教孩子理财,当然是希望他成功。但是理财并不是要当财迷(cáimí),而是要通过理财认识世界、培养好的价值观念。毕竟我们的社会运行(yùnxíng)需要有一个"经济基础"。孩子学理财也是学习社会这个"基础"的手段。

我在大学里教历史,许多学生来自商学院④,一心想做生意,觉得历史和他们的生活一点儿关系也没有。我常常这样讲:"如果你一生只关心你的下一张工资单,你这一辈子很可能就在为自己的下一张工资单的担忧中度过。如果你的兴趣和关注的问题超过了你的直接利益与经验,多想想别人,多想想世界,你就可能成为你们这一代中的领袖。"这也是我教育女儿的哲学。

10. 智商:IQ。

11. 繁衍:繁殖衍生,逐渐增多。

12. 误导:错误引导。

13. 财迷:爱钱入迷的人。

14. 运行:周而复始地运转。

第6课　人才与教育

第三，忆苦思甜

《华尔街日报》这种富人报纸常常讨论：要不要对孩子隐藏（yǐncáng）家里的财富？孩子发现家里的财富该怎么办？孩子一旦知道家里的钱自己一辈子也花不完，那孩子还凭什么用功呢？美国富豪解决问题的方法是，反复对孩子讲，我们家以前比现在可穷多了！

一位专栏作家就在《华尔街日报》上现身说法（xiànshēn shuōfǎ）：

他的孩子生活在富人区的大房子里，对财富习以为常（xíyǐwéicháng）。他就不停地对孩子讲他们夫妻早年挣扎奋斗的故事：与老鼠为伴的破公寓，不停熄火（xī huǒ）的破车……

他对孩子讲这些，是因为他知道，他的家族在20世纪40年代拥有数百万家产，但全都很快在炫耀（xuànyào）性消费中挥霍（huīhuò）干净。所以他从小就教育孩子鄙视豪宅（háozhái）、名车、高级时装的生活方式，这些除了给日后造成许多压力外，并不能带来幸福。同时，他给每个孩子都开了养老金⑤账户，只要他们适当地节省，一点儿小钱也能够使他们成为百万富翁。

我的孩子是在非常贫困（pínkùn）的状态下长大的。她5岁以后我才找到工作。在此之前，我们夫妻二人是穷得当当响的博士生，生存环境比一般穷人也许还更恶劣（èliè）一些。孩子对这些生活的记忆，使我们对她的教育变得容易了许多。她几乎从来没有为了物质而与父母有过争执（zhēngzhí）。我们说服女儿主要通过两个法宝：一是继续"忆苦思甜"，告诉她爸爸妈妈小时候很少有玩具，只能拿树枝（shùzhī）等来玩儿；一是省下来的钱可以送

---

15. 隐藏：掩盖，使不被显露出来。

16. 现身说法：以自己亲身经历来说明道理，劝导别人。

17. 习以为常：指某种事情经常去做，或某种现象经常看到，也就觉得很平常了。

18. 熄火：发动机中的火焰熄灭。

19. 炫耀：夸耀，卖弄。

20. 挥霍：乱花钱。

21. 豪宅：豪华的住宅。

22. 贫困：贫苦，生活困难。

23. 恶劣：条件、环境等很坏。

24. 争执：互不相让地争论或争吵。

25. 树枝：树木的枝条。（branches）

她上芭蕾或者钢琴课。我们的核心理论其实还是告诉她凡事有一个限度(xiàndù)，让她自己来选择金钱的用途；同时，也教育她多想想生活艰苦的人。

第四，谈贫说富

我们在美国曾经听到过不少这样的故事：由于自己家的房子破旧，孩子的同学不来做客，甚至每次校车来家门口接送时，他都不用前门用后门，绕刚到邻居大房子的过道。毋庸置疑，贫困的家境(jiājìng)打击了这些孩子的自信心。如今我已工作3年了，还没有买房，租的是本区最便宜的房子，女儿的同学大都是来了一次以后就再也不来了。但对周围同学的嘲笑(cháoxiào)，女儿能淡然处之(dànrán chǔzhī)，从来不觉得自己比谁低。

为什么女儿生活在一个很穷的家庭却能这样自信？我认为关键在于家长的态度。一个孩子的幸福感和家里的经济状况其实并无直接的关系。除非你特别去教，小孩子不会有什么名牌的概念。如果家长安贫乐道(ānpín-lèdào)，并且充满自信，孩子也会如此。我们从来不对孩子回避自己的经济问题。房子小，没有车，我们都痛痛快快地告诉女儿：家里没有钱。我们同时提醒女儿：许多有钱人家父母没有时间和孩子玩儿。你愿意妈妈出去挣钱，然后买车买房子而没时间陪你吗？5岁以下的孩子一听到这些，马上会选择妈妈而不是房子和车，这是孩子天生的价值观念。但当大人把房子和车看得过分重要时，就会扭曲(niǔqū)这种价值观念，给孩子带来许多心理问题。

---

26. 限度：有一定程度、范围或数量的要求。

27. 家境：家庭的经济状况。

28. 嘲笑：开玩笑，取笑。
29. 淡然处之：以不在意的态度对待事物。

30. 安贫乐道：安于贫穷，以坚持自己的信念为乐。

31. 扭曲：指失去原貌或变得不正常。

第6课　人才与教育

第五，让孩子在感激而不是怨恨（yuànhèn）中长大

贫困有两种。一种是家境贫困，其贫困的原因是生活中意想不到的曲折或者不幸的遭遇，比如自幼丧父、生在贫困家庭等。这种贫困往往是暂时的，可以通过个人努力得到改善。另一种则是世代贫困，其贫困的原因在于特殊的"文化行为"，比如吸毒、酗酒（xùjiǔ）等。只要不改变这种"文化行为"，贫困就永远会存在。特别是如果孩子从家长那里学到了这样的"文化行为"，贫困就会不断地"遗传"。你也许有充足的理由把自己家庭的贫困归结为社会的不公平。但是，一个人如果这样陷入受害者情绪中无法自拔（wúfǎ-zìbá）的话，就不可能成就任何事情。

第六，让孩子早早打工

美国主流（zhǔliú）社会的价值观念是：让孩子早早出去打工。孩子一到法定年龄，家长就迫不及待（pòbùjídài）地给孩子找工作，比如餐厅的服务员、超市的收银员（shōuyínyuán）、给人家看孩子、当清洁工等。有统计数据表明，打工开始得越早的人，日后的平均收入就越高。因为打工早，说明你的"事业"起步（qǐbù）得早，在竞争中先声夺人（xiānshēng-duórén）。早早打工并用打工的收入进行精明的投资，训练孩子推迟欲望满足、通过工作达到自己的目标的习惯和能力，不过，这些训练的好处还不止这些。童工干的是最低端（dīduān）的工作，而且经常一对一地和顾客打交道，对人的沟通能力是非常大的考验。

---

32. 怨恨：仇恨，心中强烈不满。

33. 酗酒：无节制地喝酒。

34. 无法自拔：没有办法主动摆脱痛苦或罪恶的境地。

35. 主流：事物发展的主要或本质方面。(essential aspect)
36. 迫不及待：非常着急，不能等待。形容心情急切。
37. 收银员：在超市、商场、宾馆、酒店等经营场所，负责给顾客结账的人。(cashier)

38. 起步：比喻开始。
39. 先声夺人：先张扬自己的声势以压倒对方。也比喻做事抢先一步。

40. 低端：低水平的，与"高端"相对。

第七，发展稳定的人际关系（rénjì guānxi）

那些善于在自己的生活中不断创造稳定的人际关系的人，一般都比较成功；而那些无法创造稳定的人际关系，甚至颠覆（diānfù）稳定人际关系的人，一般事业都比较失败。任何国家的经济增长都需要稳定的环境。这种稳定不仅仅是没有战争、动乱（dòngluàn）而已，而且包括契约的履行（lǚxíng）、政府接受法律的约束（yuēshù）。这样，每一个经济的参与者，都对别人的行为可以有理性的预期，并针对性地计划自己的行为。做人也一样。在稳定的人际关系中建立自己的信誉（xìnyù），别人就认为你的行为是可以预期的，你也认为别人的行为是可以预期的。这样才有良性的互动（hùdòng），使彼此都可以根据对方的行为对自己的事业进行长远规划，最后大家都获得成功。

（选自《恋爱·婚姻·家庭》，原题《华尔街怎么养孩子》，作者薛涌，有删改）

41. 人际关系：人与人之间的关系。（human relations）
42. 颠覆：大败，灭亡，彻底改变。
43. 动乱：(社会)骚动变乱。
44. 履行：实行，实践。
45. 约束：限制，管束。
46. 信誉：信用和名誉。
47. 互动：互相作用，互相影响。

注释

① 富不过三代：是中国的一句俗语，意思是富裕的家庭不会持续很久，最多到第三代。
② 华尔街：美国纽约市曼哈顿区南部从百老汇路延伸至东河的一条街道，是全球有名的的金融中心。（Wall Street）
③ 资本积累：capital accumulation。
④ 商学院：大学为培养商务人才而专门设置的，以培养能适用当代商务理念的经济人才为主的教育单位。（commercial college）
⑤ 养老金：也称退休金、退休费，是一种最主要的养老保险待遇。

第6课　人才与教育

练习　Exercises

一　选词填空

> 世代相传　智商　现身说法　审慎　迫不及待　挥霍　先声夺人
> 颠覆　无法自拔　扭曲　淡然处之　习以为常　争执　安贫乐道

1. 家长谢女士（　　　　），以她的亲身经历印证家校合作对儿童教育的重要性。
2. 忙碌了一年的外乡人排着长龙购买车票，（　　　　）地想回家与亲人团聚。
3. 比赛一开始，北京队就利用主场优势（　　　　），连进2球。
4. 他们的关系进展神速，很快便双双沉浸到爱河之中，（　　　　）。
5. 现代派文学的典型特征是表现人性的（　　　　）、悲观绝望的情绪和虚无主义。
6. 该村有700多年的稻田养鱼的历史，经过积累、发展和完善，养殖田鱼成为村民们（　　　　）的谋生途径。
7. 年轻人正在取代那些年迈者，他们在（　　　　）那些传统守旧的做法。
8. 陈某从程女士处骗得近30万元，短时间就把这些钱（　　　　）一空了。
9. 他态度（　　　　）地核对着每一个数据，生怕有半点儿差错。
10. 双方提出不同意见，在（　　　　）不下的情况下，只能依靠法律手段解决问题。
11. 新生代大学生（　　　　）越来越高，但情商却很差，不懂得与人交流。
12. 看到朋友都下海经商，他作为一个文人能（　　　　）、（　　　　），精神可嘉。
13. 战争过后，一天里三番五次停电，人们对此早已（　　　　）。

二　下面各组词语意思相近或相关，请查查词典，思考一下，然后把它们在词义和用法上的主要异同点填在下面的表格里

1. 传承——继承

	传承	继承
相同点		
相异点		

2. 嘲笑——讥笑

	嘲笑	讥笑
相同点		
相异点		

3. 节制——控制

	节制	控制
相同点		
相异点		

4. 信誉——信用

	信誉	信用
相同点		
相异点		

三 根据文章内容选择正确答案

1. 关于"华尔街原则",下列说法错误的是:
    A. 有长远的打算
    B. 注重眼前的享乐
    C. 懂得投资

2. 文中提到华尔街成功的投资家有两大基本素质，下列说法错误的是：

   A. 冒险要小心谨慎

   B. 尽量推迟欲望满足时间

   C. 尽量节省使用金钱

3. 对欲望满足忍受时间较短的孩子的特点，描述正确的是：

   A. 学业好

   B. IQ 高

   C. 智商低

4. 美国富豪如何解决是否告诉孩子家里很富有这个问题，正确的是：

   A. 不停地讲早年奋斗的故事

   B. 给孩子开个人账户

   C. 隐藏家里的财富

5. 作者的女儿为什么生活在一个很穷的家庭仍能自信？说法错误的是：

   A. 家长让孩子明白父母陪孩子玩儿的时间更重要

   B. 孩子的幸福感取决于家里的经济状况

   C. 不可以去教孩子什么是名牌

6. 美国主流社会让孩子早早出去打工的好处，正确的是：

   A. 可以和顾客打交道，锻炼与人沟通的能力

   B. 可以用打工的收入进行投资，得到更多的收入

   C. 可以用打工的收入改善贫困的家境

7. 关于发展稳定的人际关系的说法，错误的是：

   A. 不参与战争、动乱，有稳定的人际关系就可以获得成功

   B. 任何国家经济增长都需要稳定的环境，人也是如此

   C. 在稳定的人际关系中建立信誉，会让别人对你的行为有预期

8. 下列说法属于文中"华尔街原则"的是：

   A. 教育孩子只关注下一张工资单，对其他无关的事不关心

   B. 反复对孩子讲，家里以前比现在穷，从小教育孩子鄙视豪宅名车

   C. 告诉孩子凡事有一个限度，教育孩子多想想生活艰苦的人

四 写作实战练习

问题提示和思考

在《教子之道》一文中作者提到中国的一句谚语"富不过三代",详细地论述了教育子女的"华尔街原则",并加入了自己教育女儿的经验所得。在中国还有"棍棒出孝子"的俗语,意思是孝子是打出来的,也就是教育子女要非常严格。

写作提示

作者在开头就提到了中国的俗语"富不过三代",但是作者通过自己在美国的生活实践发现事实与这种说法相反,经常看到的是财富世代相传。再认真观察,发现这种世代相传的,其实并不一定是财富,而是创造财富的技能和素质。像这种论证的方法就是**驳论法**,就是先列出错误的观点,然后加以逐条批驳,最后阐明自己的观点。

写作练习

步骤一:搜集整理

古代《三字经》里说"幼不学,老何为。玉不琢,不成器。"意思是:一个人倘若小时候不好好学习,到老的时候能有什么用呢?玉在没有打磨雕琢以前和石头没有区别,人也是一样,只有经过刻苦磨炼才能成为一个有用的人。那么,在你们国家或者你的家庭里,有什么关于教育子女的谚语或者独特的方法吗?请至少说出两三种。

1)＿＿＿＿＿＿＿＿＿＿＿＿＿＿＿＿＿＿＿＿＿＿＿＿＿＿＿＿＿＿＿＿

2)＿＿＿＿＿＿＿＿＿＿＿＿＿＿＿＿＿＿＿＿＿＿＿＿＿＿＿＿＿＿＿＿

3)＿＿＿＿＿＿＿＿＿＿＿＿＿＿＿＿＿＿＿＿＿＿＿＿＿＿＿＿＿＿＿＿

步骤二:分组交流

学生分组,组员之间交流不同国家教育子女的俗语、谚语或方法。如果不能按国别分组学习,可以通过网络等途径搜集相关信息。

第6课　人才与教育

	国家一	国家二	国家三
例如	（日本）除了空气和阳光是大自然的赐予，其余的一切都需要通过劳动才能获得。	（德国）两重的真诚，其值等于一吨的聪明。	（韩国）一杯之水，必分而饮。
俗语（谚语）一			
俗语（谚语）二			
俗语（谚语）三			

步骤三：写作

具体要求：

1. 文章内容：

　　① 介绍几个你们国家或民族关于教育子女的俗语、谚语或者独特的方法。

　　② 与其他组员交流或通过网络等途径搜集不同国家教育子女的俗语、谚语或方法。

　　③ 分析不同国家关于教育子女的这些俗语、谚语或方法的异同。

　　④ 综合各国不同的教育子女的俗语、谚语，以及你自身的成长感受，总结出一套你认为理想的教育方法。

2. 写作方法：按照内容的主次轻重，并采用驳论法，可以反驳论点，也可以反驳论据。

3. 使用词语：在文章中至少使用本课所学的8个新词语。
4. 字数：600字左右。

步骤四：修改并定稿

完成作文后请老师提出意见，再根据老师的意见进行修改，最后抄写到作文本或稿纸上，也可以输入电脑再打印出来。

补充阅读与思考

我在剑桥学说话

有人问我在剑桥最大的收获是什么，我说是人。

那些历史上的名人不必多提，只说在平时的生活中随处可见的：去学院餐厅吃饭，对面坐着一位长者，英国人，已经90岁，一口流利的汉语，说自己1947年曾在北平工作，后来在剑桥东亚系做了汉学家；酒会上偶遇学院的酒保，这个人在学院貌似只负责管理藏酒，但其本人是剑桥大学出版社的社长，也算是学术界的江湖人物。随便一顿日常午餐，可以听到德国战后的历史，可以了解意大利中世纪的宗教，可以搞清楚助听器是怎样发明的，可以讨论法国戏剧、美国电影、埃及政局及日本法律。

说"三人行必有我师"已经不太准确，因为事实上每个人都一定是你的老师。

语言能力决定发展潜力

在所有这些人中，有一位作家是我非常敬重的。他本人在美国一所大学教授文学写作和加勒比研究，除教学以外主要以写作为业。和他接触的过程中我学到很多东西，其中最重要的就是使用语言的准确性。

去植物园散步，他可以边走边告诉我们路边的植物叫什么名字，有什么气味或者怎样辨别。每次提到某个信息，说之后发邮件，他都一定会拿出本子记下来，回家后立刻就发。跟他随便闲聊让我逐渐意识到自

第 6 课　人才与教育

己使用语言的时候是多么不准确——我发现自己经常用"这个""那个"来指代事物，描述东西的位置就说"这边"或"那边"，描述距离就用"不远"或者"比较远"。而每到这个时候他都会让我解释清楚到底是哪个，到底在哪边，到底有多远。

然后我注意到，他在描述东西的时候都会说得非常准确，很少用代词，很少有歧义。甚至在蛋糕店里看到不知道名字的蛋糕都会问清楚它叫什么，怎样拼写。想想自己有时候见到不认识的词都懒得查一下，有时候说不清楚的事情就干脆放弃不讲，有时候觉得没必要什么东西都知道名字，反正当面一比画或者用手一指别人就能明白了。但现在想来，自己写作不能很快提高，词汇量不见增长，这真的是没办法怪别人。之前学英语到处找方法找技巧，殊不知捷径就在于日常的积累和准确使用语言的意识。

这些道理貌似一直都懂，也一直觉得自己已经算是一个肯下功夫的人，但只有亲身遇到了这样一位作家，才看到了什么叫下功夫，才明白了什么叫良好的学习习惯。以至后来，写一段文字拿给他点评，本来以为已经写得很清楚的地方居然也被找出很多歧义。之前往往会抱怨为什么我写得已经这么清楚了别人还是不明白，但那次被挑出问题之后才真正明白了什么叫"读者意识"。

从在国内读研开始，已经不知道写了多少论文，练学术写作的时候已经不知听了多少遍要有"读者意识"，要从读者的角度看自己有没有写清楚。但其实只有在真的被人从每个词每句话中挑出问题的时候，你才会理解到底什么是"读者意识"。

这样的学习经历是我之前没有过的，平时即便有人说你写得不清楚，也很难有这样的机会告诉你为什么不清楚，哪里不清楚，怎样才能更清楚。能给出这样精准的反馈，需要的不只是耐心，更重要的是足够强的表达力和解释力。

能够准确地表达自己并让别人明白你的意思，这件看来非常简单的事不是随便就能做到的。可以不夸张地说，在现代社会里，使用语言的能力很大程度上能够决定一个人的发展潜力。

很早之前就有老师告诉我们说，辩才一定是人才。不是说人人都要当作家或以文字工作为业，但不论是口头表达还是书面写作，能够找到合适的词汇和表达方式来传达自己想要传达的信息，这是在现代社会立足所必需的一个能力。

写作不仅仅可以怡情

拿写作来说，写作本身能够给人带来巨大的愉悦感。去年在学院结识了一位来自澳门的访问学者，她在大学任教的同时，还是当地报纸的专栏作家。她近半年发在报纸上的文章都是她在剑桥的亲身感悟。那些日常生活中的点点滴滴，我也看到过，我也经历过，但是看到她亲笔写出那些经历，不仅在一定程度上为彼此保存了很多美好的回忆，也为他人贡献出了很多好的故事和想法。

对于作者本人来讲，写作会让人变得更精确，更注重细节，更刨根问底，更真切地关注他人。写作可以把私人的记忆变成群体共享的身份认同，可以把会流走的过去变成凝固不变的历史。即便是非公共场合的写作，比如日常的邮件，如果能写得漂亮，也会让人很欣赏很感动。所有这些文字其实都不是浮于生活表面的薄薄的一层纸。

在我们生活的这个时代，可以不夸张地说，文字即是人的思想，是生活本身。

回到选专业和个人事业发展的"实用"话题，写作不仅仅是一个用以怡情的艺术活动；正相反，写作，以及语言表达，是每一个人日常都会用到的一项技能。有调查表明，事业的发展、收入的多少与人的词汇量有很大关系。很多人常常抱怨自己的付出没有得到相应的回报，或者自己的能力没有得到对等的认可，这种事情的原因有很多，但语言使用能力往往是其中之一。

从教育的角度看，人的教育最根本的是读写能力，因为在现代社会几乎所有的知识都存在于语言之中，即便是口头传授的经验，其内容本身也会受到语言表达的影响。

从历史的角度看，人对于历史的看法往往取决于书写历史的人是如何叙述的，而叙述即是语言的表达。那些影响过人类社会历史发展的人，包括政治家、科学家和思想家等，几乎无一例外都是通过语言表达把自己的想法传达给他人，引导大家通过某一个视角看世界。可以说，语言的作用不可低估，语言表达能力是领导力的一个重要组成部分。

很多人可能说，我不想当领导，但事实是，对于语言的使用涉及日常生活的方方面面，"读者意识"也并非只是作家和读者之间的关系。广义上看，我们表达任何信息，接收信息的对方都是我们的"读者"，无论"读者"是一个人还是一群人。

我2011年秋天开始在剑桥读书，到现在已经将近三年。每当别人问到我在这边学到了什么，我总是先想起身边接触到的人，以及这些人在不经意间展示出来的经验和学识。

很多人相信真正的教育是靠师长的言传身教，这一点我在剑桥体会很深。

一所好的大学最值得珍惜的往往不是它能直接教给学生的书本知识，而是它为这样的日常学习所创造的环境和氛围，是它对人精神生活所提供的细致入微的关照。

（选自豆瓣文章《我在剑桥学说话：使用语言的能力决定人的发展潜力》，作者濮实，有删改）

一 读完全文，请你想一想、说一说

1. 总结文章的内容，剑桥大学的人对作者影响最大的方面是什么？
2. 作者认为写作除了"怡情"以外，还有什么作用？
3. 请你举出一个或几个例子，来说明语言能力在生活中的重要性。

二 介绍一下你见过的语言能力最强的人。他的语言能力强在什么地方？请简单记录在下面

三 请谈一谈你认为怎样才能提高使用第二语言的能力（包括口语的和书面的）

第7课 人生与梦想

配套资源

阅读（一）

> 人活一世，或悲伤，或快乐，总要选择。如果你选择了快乐，那么如何才能让你的快乐持续得长久呢？

可持续的快乐

如果一个年轻女性来问我，青春不能错过什么，要我举出十件必须做的事，我大概会这样列举：

一、一生至少要恋爱一次，最多两次。一次也没有，未免（wèimiǎn）辜负（gūfù）了青春。但真正的恋爱不容易，超过两次，就有赝品（yànpǐn）之嫌。

二、交若干好朋友，可以是闺中密友（guīzhōng mìyǒu），也可以是异性（yìxìng）知音（zhīyīn）。朋友可以在你伤心的时候，一直陪伴在你身边；在你失望的时候，可以给你鼓舞的力量；也可以在你成功的时候，与你一起分享快乐。

三、学会烹调（pēngtiáo），能烧几样好菜。重要的不是手艺本身，而是从中体会日常生活的情趣（qíngqù）。

1. 未免：不免，免不了。
2. 辜负：对不住（别人的期望或帮助）。
3. 赝品：伪造的、作假的东西。多指书画文物。
4. 闺中密友：女性要好的、无话不谈的女性朋友。
5. 异性：性别不同的人。（opposite sex）
6. 知音：知心朋友。
7. 烹调：做饭做菜。
8. 情趣：情调趣味。

四、每年小旅行一次，隔几年大旅行一次，增长见识，拓宽（tuòkuān）胸怀（xiōnghuái）。旅行又可以让你的身心得到暂时的放松。

五、锻炼身体，最好有一种自己喜欢、能够持之以恒（chízhīyǐhéng）的体育项目。运动可以解除你生活、工作中的压力，还可以锻炼人的意志力。

六、争取受良好的教育，精通一门专业知识或技能，掌握足以维持生存的看家本领。尽量按照自己的兴趣选择职业。如果做不到，就以敬业精神对待本职工作，同时在业余发展自己的兴趣。

七、养成高品位的读书爱好，读一批好书，找到属于自己的书中知己。"书中自有颜如玉，书中自有黄金屋"①嘛！

八、喜欢至少一种艺术，音乐、舞蹈、绘画都行，可以自己创作和参与，也可以只是欣赏。

九、养成写日记的习惯。它可以帮助你学会享受孤独，在孤独中与自己谈心。

十、经历一次较大的挫折而不被打败。只要不被打败，你就会变得比过去强大许多倍。不经历这么一回，你不会知道自己其实多么有力量。

开完这个单子，我再来说一说我的指导思想。我的指导思想很简单，第一条是快乐。青春是人生中生命力最旺盛（wàngshèng）的时期，快乐是

9. 拓宽：使宽广。
10. 胸怀：内心。（heart, mind）

11. 持之以恒：长久坚持下去。

12. 旺盛：繁茂，生命力强。

天经地义（tiānjīng-dìyì）的。我最讨厌那种说教（shuōjiào），什么"少壮不努力，老大徒悲伤"（Shào zhuàng bù nǔlì, lǎo dà tú shāngbēi）②，什么"吃得苦中苦，方为人上人"③，仿佛青春的全部价值就在于为将来的成功而苦苦奋斗。在所有的人生模式中，为了未来而牺牲现在是最坏的一种，它把幸福永远向后推延（tuīyán），实际上是取消了幸福。人只有一个青春期，要享受青春，也只能是在青春期。有一些享受，过了青春期诚然（chéngrán）还可以有，但滋味是不一样的。譬如说，人到中老年仍然可以恋爱，但终归（zhōngguī）减少了新鲜感和激情（jīqíng）。同样是旅行，以青春期的好奇、敏感和精力充沛（chōngpèi），也能取得中老年不易有的收获。依我看，"少壮不享乐，老大徒懊丧"至少也是成立的。倘若一个人在年轻时并非因为生活所迫而只知吃苦，拒绝享受，到年老力衰（niánlǎo-lìshuāi）时即使成了人上人，却丧失了享受的能力，那又有什么意思呢？尤其是女性，我衷心希望她们有一个快乐的青春，否则这个世界也不会快乐。

但是，快乐不应该是单一的、短暂的、完全依赖外部条件的，而应该是丰富的、持久的、能够靠自己创造的，否则结果仍是不快乐。所以，我的第二条指导思想是可持续的快乐。这是套用（tàoyòng）"可持续发展"④一语，用在这里正合适。青春终究（zhōngjiū）会消逝（xiāoshì），如果只是及时行乐（jíshí-xínglè），丝毫不为今后考虑，倒真会"老大徒悲伤"了。为今后考虑，一方面是实际的考虑，例如要有真本事，要有健康的身体等。另一方面，更重要的是，要使快乐本身不但是快乐，而且具有生长的能力，能够生成新的更多的快乐。我

---

13. 天经地义：理所当然的事。
14. 说教：比喻生硬枯燥地空谈理论，教训别人。

15. 推延：推迟，拖延。

16. 诚然：虽然，固然。

17. 终归：终究；毕竟。
18. 激情：强烈激动的感情。

19. 充沛：充足而旺盛。

20. 年老力衰：年纪非常高，身体衰弱。

21. 套用：模仿着应用（现成的理论、方法等）。
22. 终究：终归，最后还是。
23. 消逝：慢慢消失，不再存在。
24. 及时行乐：不失时机，寻欢作乐。

所列举的多数事情都属于此类，它们实际上是一些精神性质的快乐。青春期是心智（xīnzhì）最活泼的时期，也是心智趋于定型的时期。在这个时期，一个人倘若能够通过读书、思考、艺术、写作等充分领略（lǐnglüè）快乐，形成一个丰富的内心世界，他在自己的身上就拥有了一个永不枯竭（kūjié）的快乐源泉（yuánquán）。这个源泉将泽被（zébèi）整个人生，使他即使在艰难困苦之中仍拥有人类最高级的快乐。在我看来，这是一个人可能在青春期获得的最重大成就。当然，女性同样如此。如果我不这样看，我就是歧视（qíshì）女性。如果哪个女性不这样看，她就未免太自卑（zìbēi）了。

（选自《善良·丰富·高贵》，原题《可持续的快乐》，作者周国平，有删改）

25. 心智：心思智慧。

26. 领略：领会，理解。

27. 枯竭：用尽，完全没有了。

28. 源泉：指事物发生的根源。

29. 泽被：恩惠。对……有好处。

30. 歧视：不平等地对待。（discrimination）

31. 自卑：轻视自己，觉得处处不如人家。

注释

① 书中自有颜如玉，书中自有黄金屋：出自宋代赵恒《励学篇》："富家不用买良田，书中自有千钟粟。安居不用架高楼，书中自有黄金屋。娶妻莫恨无良媒，书中自有颜如玉。出门莫恨无人随，书中车马多如簇。男儿若遂平生志，五经勤向窗前读。"意思就是书本中有很多好的东西。"颜如玉"和"黄金屋"比喻知识的重要性和珍贵性，说明读书能够获得极大的财富。

② 少壮不努力，老大徒伤悲：出自汉乐府诗《长歌行》，意思是年轻力壮的时候，不发奋图强，到了老年，后悔悲伤也没用了。

③ 吃得苦中苦，方为人上人：中国的一句俗语，意思是吃得千辛万苦，才能获取功名富贵，成为优秀的人。

④ 可持续发展：指既满足当代人的需求，又不损害后代人满足其需求的能力发展。（Sustainable Development）

练习 Exercises

一 把左边的词语与右边相应的意思连接起来

1. 辜负　　　　　　　　A. 有恒心，长久坚持下去
2. 旺盛　　　　　　　　B. 年事已高，身体衰弱
3. 天经地义　　　　　　C. 事物发生的根源
4. 持之以恒　　　　　　D. 枯燥地空谈理论，教训别人
5. 年老力衰　　　　　　E. 指理所当然的事情
6. 及时行乐　　　　　　F. 女性最要好的同性朋友
7. 闺中密友　　　　　　G. 繁茂；生命力强
8. 套用　　　　　　　　H. 觉得处处不如人家
9. 说教　　　　　　　　I. 不失时机，寻欢作乐
10. 自卑　　　　　　　　J. 模仿着应用，承袭
11. 源泉　　　　　　　　K. 对不住
12. 赝品　　　　　　　　L. 不公平地对待
13. 歧视　　　　　　　　M. 作假的东西
14. 消逝　　　　　　　　N. 做菜做饭
15. 烹调　　　　　　　　O. 随着时间的变化慢慢没有了

二 根据文章的内容，判断下面句子是否正确

☐ 1. 人一生只恋爱一次未免辜负了青春。
☐ 2. 交若干好友是青春期最不能错过的事情。
☐ 3. 学会烹调，重要的是从中体会日常生活的情趣。
☐ 4. 每年都要出去旅行一次，从中体会人生的乐趣。
☐ 5. 完全按照自己的兴趣选择职业。
☐ 6. 作者认为青春的全部价值在于为将来的成功而奋斗。
☐ 7. 养成读书的爱好是只能在青春期享受的。
☐ 8. 青春期的快乐往往是单一的、短暂的、完全依赖外部条件的。
☐ 9. 作者所列举的快乐多数属于精神性质的快乐。
☐ 10. 一个人在青春期获得的最大成就，在于拥有人类最高级的快乐。

第 7 课　人生与梦想

三 根据文章内容，用指定的词语完成下面的问题。请不要照抄课文，清楚地理解课文内容后，尽量用自己的话来写

1. 作者认为，青春不能错过。理由是：_____
_____
_____
_____
_____

> 辜负　闺中密友　烹调
> 拓宽　持之以恒　精通
> 品味　享受

2. 作者的指导思想第一条是：_____
_____
_____
_____
_____
_____

> 旺盛　说教　推延
> 诚然　终归　年老力衰

3. 作者强调的"可持续的快乐"的内涵是：_____
_____
_____
_____
_____
_____

> 心智　领略　枯竭
> 源泉　泽被

四 写作实战练习

问题提示和思考

　　本文作者周国平既是一个学者，也是一个散文家。他常用近人的文学形式谈深邃的哲学命题，诸如生命的意义、死亡的意义、性格与品质、自我的价值、灵魂与超越的重大作用等。他孜孜不倦地探索现代人精神生活中的普遍困惑，重视观照心灵的历程与磨难，寓哲理于常情中，深入浅出，平易之中多见理趣。他的散文随笔充满了人生的智慧和哲学的美丽，融理性和品质于一体，笔调清新自然，意义深刻。

　　仔细阅读本文，你是否也能品味出作者的人生哲学？

写作提示

我们要把本篇较长的文章,压缩成一篇较短的文章。这种**缩写**是写作训练的基本方法之一。缩写是对全文内容的高度概括,可以培养我们的阅读能力、分析能力和概括能力,也可以提高我们以繁为简、锤炼语言的表达能力。

写作练习

步骤一:缩写本文(删)

留主干,去枝叶。我们常把文章比作一棵大树,大树有干、有枝、有叶,我们将文章的主干和粗枝留下,把其他部分去掉,文章就会变得简短而精炼了。

此步骤可在原文上划线删减。

步骤二:缩写本文(改)

改的方法有三种:第一种将描写改为叙述,第二种将详细叙述改为概括叙述,第三种将引用改为转述。

可以把步骤一删减后的内容利用连词等方法改写并连接成篇。

步骤三:写作

具体要求:

1. 文章内容:

① 要忠实原文的中心思想,不能另立主题。缩写后的短文,中心思想仍不变。

② 要忠实原文的基本内容,不能任意增删,只能去掉不伤害主题的内容。

③ 要忠实原文的骨架。缩写后的文章仍然有头有尾,层次分明,前后连贯。

④ 缩写最后要达到"句句无余字,篇中无长语"的效果。

第7课　人生与梦想

2. 写作方法：在进行缩写的时候，应紧紧抓住主要内容，去掉那些离主题较远的内容，适当增添一些使语句通顺连贯的词语。
3. 使用词语：在文章中至少保留本课所学的8个新词语。
4. 字数：不超过300字。

步骤四：修改并定稿

注意缩写的注意事项。完成作文后请老师提出意见，再根据老师的意见进行修改，最后抄写到作文本或稿纸上，也可以输入电脑再打印出来。

阅读（二）

人活世上，可以变换不同的角色，也相应承担不同的责任。上对国家社会，下对亲人朋友同事，都有着不可推卸的责任。不过，切切不可忘记我们还有一项根本的责任：要对自己的人生负责。你的人生都有哪些责任需要你来承担呢？

对自己的人生负责

冀望（jìwàng）成功，追求幸福，是人生的理想和责任。

但人生在世比成功、幸福更重要的是做人，不论成功与失败，幸福与不幸都要保持做人的尊严（zūnyán）。因此，我们也千万不可忘记人生的头等大事：要对自己的人生负责。

生命对于每个人都只有一次，自己人生的责任没有任何人可以代替。人世间社会关系的各种责任，在特定情形下，是可以转让、替代、分担（fēndān）

1. 冀望：〈书〉希望。

2. 尊严：不容侵犯的地位和身份。（dignity）

3. 分担：负责一部分。

的，唯有对自己的人生责任，每个人都必须而且只能完全由自己来承担。一个人如果这唯一的一次人生虚度（xūdù）了，没有任何人可以取而代之（qǔ'érdàizhī）重新选择一次。我们对自己的人生怎能不怀着强烈的责任感呢！

然而，现实告诉我，许多人并不知道自己人生要负的责任，活了一辈子，也没有弄清楚自己在世上的责任是什么。因此很多人对责任关系的确定完全是被动的，在他们眼中视之为自己责任的一些做法，不是出于自觉的选择，而是迫于本能、习惯、时尚（shíshàng）、他人、舆论（yúlùn）或是偶然因素等原因。我们只要环顾四周（huángù-sìzhōu），在你的朋友、同事或邻居中，就可以发现有的人做事，仅仅为了生存、为了"混口饭吃"；有的人活着，纯粹（chúncuì）以金钱权位（quánwèi）定义自己的人生；有的人把因偶然因素而长期从事的某项职业，当作了自己的责任，从不尝试去拥有真正适合自己兴趣的事业；有的人一辈子琢磨（zuómo）的就是"身边几个人"，十分看重别人尤其是上司对自己的评价，谨小慎微（jǐnxiǎo-shènwēi）地为这种评价而活着；有的人甚至以同事、邻居决定自己的幸福。我的一位朋友起初执意（zhíyì）卖掉旧房子，搬入高档住宅区，以为与富人在一起，自己的身价地位也高了。孰知（shú zhī）住了一段时间之后，良好的自我感觉没了，引发的却是嫉妒（jídù）心理和失望情绪，被富有邻居包围着感觉不幸福。可见，一个不知对自己人生负有什么责任的人，他自己的人生必定是放任自流（fàngrèn-zìliú）、浑浑噩噩（húnhún'è'è）的人生；一个不曾思考自己人

---

4. 虚度：白白地度过。
5. 取而代之：指一事物取代另一事物。

6. 时尚：流行。
7. 舆论：公众的意见或言论。（the public voice）
8. 环顾四周：观察周围，向四周看。

9. 纯粹：完全。
10. 权位：权势、地位。（power and position）

11. 琢磨：仔细地思考和研究。

12. 谨小慎微：过分小心，不敢放手去做。

13. 执意：坚持自己的意见、主张。

14. 孰知：谁知道。常用在反问句中。
15. 嫉妒：对才能、地位等比自己好的人产生忌恨。（begrudge）

16. 放任自流：随便其自然发展，不约束、不干预。
17. 浑浑噩噩：糊里糊涂，愚昧无知。

生使命的人，在责任问题上必然是错位（cuò wèi）、模糊和盲目的。

其实，中国自古推崇（tuīchóng）良心、责任、气节（qìjié）、操守（cāoshǒu），提倡在世为人（zàishì-wéirén）要对自己的人生负责。古人讲"修身齐家治国平天下"①，就把修身做人摆在人生第一位。再如"太上有三不朽"——立德、立功、立言②，也把做人看成是人生根本大事。作为中华民族社会良心、智慧化身（huàshēn）的知识分子，历来就有忧国忧民（yōuguó-yōumín）、刚健自强（gāngjiàn-zìqiáng）、不屈不挠的优良品质。孔子誉（yù）之为"士志于道"③。但我们明白，救世和改造社会是要符合社会实际，需要具备一定条件的，不是人人所能为之。我们是平庸之辈（píngyōngzhībèi），对自己的人生负责可以旨在自救和个人完善，这无须任何社会条件，只要你思考自己的人生使命，建立起真正属于自己的人生目标和生活信念，就能由此出发自觉选择并承担对社会和他人的责任。相反，我不能想象，一个没有责任心，对人生随波逐流（suíbō-zhúliú）、稀里糊涂（xīlihútú）的人怎么会爱

18. 错位：离开原来的或应有的位置。
19. 推崇：十分推重崇敬。
20. 气节：坚持正义、不怕死的品质。
21. 操守：人平时的行为、品行。
22. 在世为人：在社会上如何做人做事。

23. 化身：指抽象观念的具体形象。
24. 忧国忧民：为国家的前途和人民的命运而担忧。
25. 刚健自强：自己坚强而努力。
26. 誉：称赞。

27. 平庸之辈：完全不出色的普通人。

28. 随波逐流：自己没有一定的立场和主见，只能随着别人走。
29. 稀里糊涂：头脑不清楚，做事马虎不认真。

人生、爱生活、爱他人、爱事业呢？怎么会在日常生活中坚定地负起责任呢？这种人，往往把尽责看作是纯粹的付出而事事索求（suǒqiú）回报，他们甚至为别人而活着，太在乎自己"身边几个人"的看法评价，而消磨（xiāomó）了自己的一生。

人活世上除了吃饭睡觉，不外乎（búwàihū）做事和与人交往，它们构成了生活的主要内容。如果事业兴旺（xīngwàng）、家庭和睦（hémù）、婚姻美满、朋友众多，那么可以说你在社会上是成功的，生活是幸福的。这是看得见摸得着（kàndejiàn mōdezháo）的。其实还有一种看不见摸不着的东西，这就是蕴含在两者之间，比做事和交际更重要的东西——做人。透过做事和交际，体现出来的是一种做人的总体生活方式和态度。因此，最重要的不是你在周围人心目中占据（zhànjù）什么位置，不是你做多大的学问、事业或生意，也不是你和谁在一起过日子，而是你自己究竟是个什么样的人。

我始终认为，对自己人生的责任心，是其他一切责任心的根源和出发点。一个人活在世上知道了自己究竟想要什么，认清了自己在这个世上要做的事情，并且认真地去做，他就获得了一种内在的自觉、充实和安详（ānxiáng）。他知道了自己的责任之所在，因而种种似是而非（sìshì-érfēi）的所谓责任、虚假（xūjiǎ）观念都不能使他动摇。我坚信，如果一个人能对自己的人生负责，那么他对包括事业以及婚姻家庭在内的一切社会关系，都有一种负责任的态度；如果一个社会这样的人多了，这个社会一定和谐（héxié）而有效率；如果一个人明白自己的责任，那么，这将使他拥有某种人之永恒

---

30. 索求：寻求。

31. 消磨：打发时间，浪费时光。

32. 不外乎：不超出某种范围以外。

33. 兴旺：发达，昌盛。（flourishing）

34. 和睦：相处融洽友好。

35. 看得见摸得着：指能看见能接触到的实实在在的事物。

36. 占据：用强力取得或保持（某个位置）。（occupy）

37. 安详：态度、举止等安静、稳重。

38. 似是而非：表面看来好像对，实际上不对。

39. 虚假：假的，不真实的。

40. 和谐：配合适当，关系友好。

41. 永恒：永远不变化。

第7课　人生与梦想

（yǒnghéng）的东西，由此支撑他度过未来的岁月。

（选自微信公众号"岚轩书语"，原题《对自己的人生负责》，作者张廷春，有删改）

注释

① 修身齐家治国平天下：出自《礼记·大学》，格物、致知、正心、诚意、修身、齐家、治国、平天下，是儒家经典思想。

② 太上有三不朽——立德、立功、立言：《左传·襄公二十四年》中讲"人生有三不朽"："太上有立德，其次有立功，其次有立言，虽久不废，此之谓不朽。""立德"指树立道德，即提高道德修养，给人们树立道德方面的榜样；"立功"指为人民做好事，立大功；"立言"指以救世之心著书立说。

③ 士志于道：引自《论语·里仁》："子曰：'士志于道，而耻恶衣恶食者，未足与议也。'"意思是一个人如果立志追求真理，却以穿不好吃不好为羞耻，那么实在不值得跟他探讨追求真理的问题。

练习　Exercises

一　根据下面句子的意思写出相应的词语

1. 在社会上如何做人做事　　　　　　　　　　　　　　（　　　　）
2. 糊里糊涂，愚昧无知　　　　　　　　　　　　　　　（　　　　）
3. 用一事物取代另一事物　　　　　　　　　　　　　　（　　　　）
4. 表面看来好像对，实际上不对　　　　　　　　　　　（　　　　）
5. 过分小心，不敢放手去做　　　　　　　　　　　　　（　　　　）
6. 为国家的前途和人民的命运而担忧　　　　　　　　　（　　　　）
7. 坚持自己的意见、主张　　　　　　　　　　　　　　（　　　　）
8. 白白地度过　　　　　　　　　　　　　　　　　　　（　　　　）
9. 完全不出色的普通人　　　　　　　　　　　　　　　（　　　　）
10. 仔细地思考和研究　　　　　　　　　　　　　　　　（　　　　）
11. 头脑不清楚，做事马虎不认真　　　　　　　　　　　（　　　　）
12. 没有自己的立场和主见，跟着别人走　　　　　　　　（　　　　）

13. 随便其自然发展，不约束、不干预　　　　　　　　　　　（　　　　）
14. 自己坚强而努力　　　　　　　　　　　　　　　　　　　（　　　　）
15. 公众的意见或言论　　　　　　　　　　　　　　　　　　（　　　　）

二 下面这几组词语意思相近或相关，请查查词典，思考一下，然后把它们在词义和用法上的主要异同点填在下面的表格里

1. 和睦——和谐

	和睦	和谐
相同点		
相异点		

2. 虚假——虚伪

	虚假	虚伪
相同点		
相异点		

3. 安详——安静

	安详	安静
相同点		
相异点		

4. 支撑——支持

	支撑	支持
相同点		
相异点		

三　根据文章内容选择正确答案

1. 作者认为千万不可忘记的人生大事是：
   A. 追求事业成功
   B. 追求生活幸福
   C. 对自己的人生负责

2. 很多人对责任关系的确定完全是被动的，不属于此类的原因是：
   A. 本能、习惯、时尚
   B. 他人、舆论
   C. 必然因素

3. 不属于被动选择的实例是：
   A. 一辈子琢磨怎么评价别人
   B. 以同事、邻居决定自己的幸福
   C. 纯粹以金钱权位定义

4. 在社会中，不是人人所能为之的是：
   A. 救世、改造社会
   B. 修身、齐家
   C. 立德、立言

5. 下面哪一项是看得见摸不着的：
   A. 做人
   B. 做事
   C. 交际

6. 哪一种责任心是其他一切责任心的根源和出发点：
   A. 对社会的责任心
   B. 对自己人生的责任心
   C. 对自己事业的责任心

7. 如果一个人对自己的人生负责，会变成怎样？下列描述不正确的是：
   A. 社会一定和谐而有效率
   B. 可以拥有人之永恒的东西
   C. 对家庭其他人有负面的影响

四 写作实战练习

问题提示和思考

　　本文提出了一个深刻的人生话题：人为什么活着？人应该怎么活着？请你仔细品味下面这首诗的含义，并思考作者的"要对自己的人生负责"与下面这首诗中哪种"有的人"相似？

有的人活着
他已经死了；
有的人死了
他还活着。

有的人
骑在人民头上："呵，我多伟大！"
有的人
俯下身子给人民当牛马。

有的人
把名字刻入石头想"不朽"；
有的人
情愿作野草，等着地下的火烧。

有的人
他活着别人就不能活；
有的人

第 7 课　人生与梦想

> 他活着为了多数人更好地活。
>
> ……
>
> （臧克家《有的人》）

写作提示

本文在第四段有这样一段："我们只要环顾四周……**有的人**做事，仅仅为了生存、为了"混口饭吃"；**有的人**活着，纯粹以金钱权位定义自己的人生；**有的人**把因偶然因素……；**有的人**一辈子琢磨的就是"身边几个人"……；**有的人**甚至以同事、邻居决定自己的幸福。"这里用了**排比**的写作手法。

排比是一种常见的修辞手法，通常是三个或三个以上结构相同或相似、内容相关的短语或句子排列在一起，用来加强句子语气。在本文最后一段中也有："我坚信，**如果**一个人……，那么……；**如果**一个……；**如果**一个人……，那么……。"像这样使用排比往往给人以一气呵成之感，语言节奏感强，有气势，加强了表达效果。

写作练习

步骤一：分组讨论

人为什么活着，或者说人生的意义是什么，这是一个值得每一个人深思的问题！有人为了精神物质而活着，有人为名利而活着，有人为追求而活着，有人为梦想而活着，有的人为了别人而活着……

那么你到底为什么而活着呢？

步骤二：讨论后列出大纲

有这样一条谜语："什么东西早晨用四条腿走路，中午用两条腿走路，晚上用三条腿走路？"你可能轻易就回答上来了。可是人生就是五味瓶，不同的人会有不同的感受：人生是短暂而漫长的；人生又是苦涩而甜蜜的；人生是平凡而又特别的……

步骤三：写作

具体要求：

1. 文章内容：
   ① "人为什么活着"是个永恒的话题，写出你自己思考的答案。
   ② 记录小组成员活着的不同意义，或为物质而活，或为精神而活，或为名利而活，或为梦想而活……
   ③ 为了这些活着的意义，你要怎样生活，怎样品味生活的酸甜苦辣。
   ④ 作者认为在成功与幸福面前，千万不可忘记人生的头等大事：要对自己的人生负责。你的观点是什么？
2. 写作方法：请你把你对人生的思考有条理地写下来，并运用排比的修辞方法。
3. 使用词语：在文章中至少使用本课所学的8个新词语。
4. 字数：600字左右。

步骤四：修改并定稿

完成作文后请老师提出意见，再根据老师的意见进行修改，最后抄写到作文本或稿纸上，也可以输入电脑再打印出来。

补充阅读与思考

今天，你"乐活"了吗？

［导读］他们的生活理念是：关爱自己，关爱地球，做好事，有活力，爱并快乐着。他们有一个共同的名字——乐活一族。

20世纪80年代，美国社会学家保罗·雷采用市场调查形式研究价值观与文化的关系时，意外发现了一群新的"文化创造者"。与激进分子和无政府主义者不同，与革新旧的政党无关，这些新生人群正在用他们的社会行为创造出一个新世界。

很久以来人们习惯于关注世界上发生的重要事件，以为只有举行反战、反性别歧视或反对种族不平等游行等活动，才能影响社会，未曾想过可以通过关注自己和周围的人，改变认识形态来促使社会发生转变。针对这群文化创造者，保罗用了15年时间为他们想出了一个好名字：LOHAS（Lifestyles of Health and Sustainability），即"健康和可持续性的生活方式"。在中国被绝妙地音译为"乐活"。

爱生活的人，生活也爱你

"乐活"一词能成为当下欧美甚至全球范围最为时尚流行的字眼，自然有其道理：乐活集健康、环保、时尚于一体，是抑制现代城市中大量慢性疲劳症候群的最佳选择。它既简单又酷炫，既被新锐小众追捧，又受芸芸大众推崇。乐活的理念简而言之就是：关爱自己，关爱地球，做好事，有活力，爱并快乐着。

伊莱恩今年29岁，在美国一家电脑公司工作。每天清晨，睡到自然醒的伊莱恩就起身喝下一大杯水。然后伴随着新鲜的阳光和轻柔的音乐，在自己的节能生态住宅里，开始早晨的瑜伽练习。不紧不慢地吃完早餐后，伊莱恩便搭乘公交去公司上班。尽管收入不菲，伊莱恩愿意过朴素的生活，恪守着自定的"教规"——物质返璞，消费归真。她喜欢去跳蚤市场，喜欢从那儿淘来的用粉碎后的葵花籽壳制成的桌椅和竹制的家具。拥有完美肌肤的伊莱恩还喜欢收集雨水来洗澡。"用雨水洗澡时，感觉皮肤在呼吸，感到整个人与大自然融为一体了。"吃着她最爱的有机食品，喝着纯净的白开水，做着她最喜爱的瑜伽，伊莱恩健康并快乐地生活着。这是一个标准乐活族的真实生活记录。

27岁的莫莉也是美国人。她曾经因为工作节奏太快，常吃快餐，结果1.68米的她体重一度超过180斤，而且血压偏高。接触了"乐活"概念后，莫莉开始研究饮食，专吃绿色、有机食物，对每日饮食的要求严格到了苛刻的程度，汉堡、薯条之类的垃圾食品再也上不了她家的餐桌了。此前莫莉一直把乐活族等同于素食主义者，误把绿色食品当成绿色植物。殊不知，绿色是指食品安全无污染又富含营养，食品出自良好的生态环境才会被称为绿色。

乐活族也并不是拒绝肉类，而是喜欢食用在生产加工过程中完全禁用农药、化肥、激素等人工合成物质以及基因工程技术的有机食品，同时主张慢食。莫莉保证家人每天能吃到五种以上的水果和蔬菜，加上适当的肉类和碳水化合物。开始时，丈夫和儿子讨厌蔬菜水果，所以她想了一些办法，比如在早餐的麦片粥里加入一些水果，又把香蕉搅成糊做成甜点。做沙拉时，她把西红柿、菠萝、芒果这类可以同食的果蔬一起加进去，把多出来的做成果酱。到小女儿出生的时候，莫莉的丈夫和儿子已经离不开她的特制沙拉了。

"乐活"使莫莉在获得了健康的饮食方式的同时，也给予她积极的生活态度。在接触乐活族之前，莫莉觉得现代城市"像个冷酷的地窖"。之后她领悟到，如果对一切都保持着戒备之心，就等于是自己把自己隔绝起来了。提到家庭时，莫莉漂亮的蓝眼睛里放出温暖幸福的光："一旦发现真爱，组建家庭是理所当然的事情。这个世界上有很多人选择不结婚或不要孩子，真是同情他们，他们的生活因此而不完整，失去了许多家庭生活的乐趣。家庭、生育是上帝的恩惠，没有任何拒绝的理由，感谢上帝！"现在，已有两个孩子的她看上去比很多这个年龄的单身女人还年轻很多，秘诀就在于科学的饮食、乐观的态度和一颗感恩的心。不知不觉中，莫莉的生活感染了身边的其他家庭，许多人纷纷加入到莫莉的食品革命中，一时间《莫莉食谱》成了全社区的热门书。

"能影响多少人就影响多少人"

与一度被宣传得沸沸扬扬的小资、SOHO或BOBO不同，"乐活"以其健康的生活方式和积极的生活态度，低调却深刻地影响着人们的生活。

德国的赫穆先生算得上资深乐活族，今年34岁的他，"乐龄"已有十几年。身为材料工程师，赫穆的乐活更多体现在环保方面。他的所有贴身衣服，自不必说，都是有机衣料制成；因为深知过氯乙烯类的化学溶剂对身体的危害，他的衣服从来不送干洗店；他每年都会将清理出的衣物甄别分类后送到回收机构；他从来不使用超市里免费提供的纸壳箱，而是坚持使用要付费的布购物袋，遇上有些顾客使用明显多余的塑料袋，他必会上前理论，"尽管是付费使用塑料袋的，但一次性的塑料用品会对生态系统和公共卫生造成直接危害，所以能不用还是尽量不用"。赫穆最喜欢夸耀他那个走到哪儿背到哪儿的瑞士FREITAG背包："整个背包面料可是用货车油布做的，背带的材料是报废汽车的安全带，这漂亮的封边是用回收的自行车内胎做的……"赫穆认为，只要大家共同抵制使用或购买那些产品，非环保材料的商品将逐渐失去竞争力，最终被市场淘汰。没有刻意地标榜与众不同和标新立异，乐活族用自己全新的生活方式，自然而然地说服整个社会向一种更有利于人类健康的方向发展。

和众多环保主义者的极端做法相比，乐活族要宽容、平和得多。从关注自身，到关心家庭，到关注地球，他们关注的事情似乎太宽太泛，而实际上他们追求的终极目的只简单到两个字：健康。当问及是否活得太麻烦太累时，赫穆答道："不，恰恰相反，生活反而更加单纯了，比如买东西时你不用去考虑很多，除了健康和环保。""没有比现在这样更好的了，我、我的家庭、我的邻居和朋友，我们都很幸福。"说这句话时，莫莉笑盈盈地指着一张聚会照片。

就像赫穆、莫莉这样，乐活族总是力求生活得更有质量、更轻松、更快乐，力求以其简单时尚的生活方式得到更多人群的支持和加入。澳大利亚的海伦每周都会到郊外做一次生态游，顺便在自驾车上贴几幅广告："请支持无烟环境""请勿破坏草木""请支持垃圾分类"。她还以LOHAS为名建了一个网站，希望"能影响多少人就影响多少人"。

"乐活"一词源于美国，却迅速在英国、澳大利亚、日本等国家获得广泛认同。目前超过5000万的美国人与1/4的欧洲人都是乐活族，更多的亚洲人正在加入进来。在中国，尽管许多人还不知道乐活，可他们的生活方式却已经在践行着乐活精神。

北京M广告公司的雨儿去年从杂志上第一次看到"乐活"一词，惊讶地发现自己其实很早以前就是个乐活族了。学设计的雨儿刚毕业时工作特别拼命，经常忘记吃饭，没过几年就大病了一场，幡然悔悟，还是健康最重要，于是开始注意调整自己的生活，从关心自己的饮食开始，逐渐演变成一名业余健康咨询师和环保志愿者。"唇边长痘说明肠胃功能不好了。""穿着要以棉、丝、麻为主，最重要的是身体的舒适。""千万不要选择含磷的洗涤用品。"雨儿对特百惠的东西情有独钟，从手提包里随身带的杯子、筷子到家里桌柜上堆放的五颜六色的日用品，几乎全都是特百惠。看着那些宝贝，雨儿满脸堆起孩童般的满足。她说可能是个环保迷的缘故，只要看见这类环保小物品，就有一种止不住的喜欢。

周末时，雨儿会组织一些旧物交换、植树、短途旅游活动，借此结交朋友，同时做些小型演讲。现在她的身体好多了，虽然有许多事要做，但都是自己乐意的，所以感到特别充实和踏实。现在雨儿身边有一大群和她有相同想法的朋友，大多是白领。但雨儿认为并不是有钱才能乐活。比如，潇潇和文蕾就是较早的校园乐活一族，她们坚决不用化妆品，口号是"食物即化妆品"。她们早上一杯绿茶，晚上一杯牛奶，每周喝上两次用两段骨头、几片蘑菇炖的汤。三年下来，没花多少钱，潇潇的胃痛不见了，文蕾的失眠症也好了。

有"乐活一族"，就有"乐活经济"

为了活得更健康更有质量，更多的人开始倾向于选择绿色标签的商品：吃无污染食品，穿天然织物，住自然环保房屋，开节能环保车。"自然主义"之风在时尚界更是大行其道。2006年的奥斯卡颁奖典礼那天，莱昂纳多·迪卡普里奥等二十多名巨星乘"丰田普锐斯"抵达会场，标示着他们对环保理念的身体力行。好莱坞帅哥布拉德·彼特更是放弃了原来的那辆黑色奔驰G500运动型多功能车，换了一辆白色丰田油电混合动力车普锐斯。这款车极具环保概念，每百公里仅耗油5公升，而排气量达到加州零排放的标准。早在布拉德·彼特之前就热衷环保事业的莱昂纳多则不无骄傲地说："我有两辆混合动力车，还在屋顶上安装了太阳能。我知道每天都在消耗炭，所以我在许多森林都种了树。"

莱昂纳多和布拉德并非个例，在他们身后，是浩浩荡荡的购物跟随者，他们引领时尚潮流的能力再一次得到验证。这个庞大的消费群躲不过敏锐的厂家、商家的眼睛，绿色食品、环保家具、绿色建筑、生态旅游、健康培训等相关产业在全世界范围内迅速发展起来。

法国普罗旺斯的柯翰思镇是"乐活经济"催生出来的首批幸运儿之一，号称世界上"第一个有机城镇"，吸引了大批乐活族来此体验无与伦比的"有机时光"——品尝有机餐、有机酒和健康美味的食品，聆听关于自然与心灵的演讲。另一个幸运儿降生在美国洛杉矶,一个名为"PATAGONIA"的服装品牌最近大为抢手,原因是该品牌服装的材料全部是由回收的旧衣物和可乐瓶经循环改造后合成的新的聚酯物料制成。十几年来,共有约8600万个可乐瓶被该公司回收并再利用。如此产品,乐活族怎么舍得错过呢?同样,日本品牌"无印良品"也以其环保形象得到乐活族的认可,比如将各种不起眼的东西改良为优质织物做成的舒适服饰,从里到外都采用自然材料或再生材料的超级店铺,质量优良但决不过度包装的各种小商品,无一不吸引着乐活族的眼球。

乐活到底会给社会带来多大的影响,还不得而知,但至少有一点可以肯定,"你想多快乐就能有多快乐"。这样说来,乐活,有什么不好?

一 读完全文,请你想一想、说一说

1. 文章对"乐活"进行了定义和解释,请用自己的话复述一下。
2. 文章中提到了哪些"乐活"方式?
3. 你"乐活"了吗?

二 调查你身边的同学或朋友,他们的生活方式有哪些不好的地方?该怎么改正?

第 8 课　历史与文化

配套资源

阅读（一）

请先看下面两道菜的制作材料，你能发现其中有什么不同吗？

黑椒牛排：

主料：牛排 300 克。

辅料：洋葱（白皮）25 克，胡萝卜 25 克，西芹 30 克，青豆 20 克，菜花 30 克。

调料：盐 4 克，胡椒粉 8 克，黄油 50 克。

麻婆豆腐：

原料：豆腐一块，肉末（可以用牛肉，也可以根据个人口味用猪肉等）约一两，豆瓣酱一大匙，豆豉一匙，辣椒粉一大匙（可依个人喜好增减），花椒粉一咖啡匙，蒜苗一棵，酱油两大匙，红油三大匙，味精适量，淀粉一大匙。

发现这两个菜谱的区别了吧？你的发现是否与下文中作者的看法一致？

少　许

有个报道说，美国总统布什表演厨房**秀**（xiù），根据食谱，用**量具**（liángjù）**配放**（pèifàng）原料、**佐料**（zuǒliào），按照规定的时间，做了一份麦当劳，味道完全符合标准，厨师当得不错。我曾经在悉尼、

1. 秀：展示。（show）
2. 量具：计量用具，如天平、量杯。（measure）
3. 配放：分配放入。
4. 佐料：做菜用的配料。（condiment）

巴黎、纽约等地方都被迫咽下过麦当劳，很奇怪它们味道完全一样。但北京烤鸭（Běijīng Kǎoyā）①，巴黎13区的某家餐馆（cānguǎn）的味道与走几步的另一家的味道是不同的，都叫北京烤鸭，但口感（kǒugǎn）有差别。如果你要请朋友去品尝，你得说是哪一家的烤鸭，例如13区某家超市对面那条街走进去第七个门那家的烤鸭，并不存在北京烤鸭这种全世界味道完全一样的东西。布什总统可以根据食谱成为一个标准的厨师，但按照中国菜谱做菜，他永远成不了一个中国厨师。

5. 餐馆：饭馆，餐厅。（restaurant）
6. 口感：形容食物吃到嘴里时的感觉。

中国菜谱的秘密在于"少许（shǎoxǔ）"。菜谱只是讲个大概，但所谓"火候（huǒhou）""适量""少许"是什么，没人能告诉你，那是私人的秘密，不可言说（bùkě-yánshuō）的部分，永远沉默的部分，与他的经验、血缘、家教（jiājiào）、口感、成长史有关。材料、佐料到处都有，菜谱也有，但中国厨房玩儿的不是这个，而是少许，多一分则多，少一点儿就少，你不是那个人，不是那只手，没有那个手感（shǒugǎn），你就炒不出那个味道来。为什么要把味与玄之又玄（xuánzhīyòuxuán）的"道"②联系在一起说，"道"是什么，汉语从来没有说清楚，

7. 少许：一点点，少量。
8. 火候：火力大小和时间长短。
9. 不可言说：不能用语言来表达。
10. 家教：家长对子女的教育。
11. 手感：手抚摸时产生的感觉。
12. 玄之又玄：原为道家语，形容事理深奥微妙，不易理解。

但每个中国人都知道它是什么，许多文化不高的中国人，也许不知道多少真理，但他也知道。中国古代大教育家孟子③为什么说人皆可为圣贤④，因为每个人都可以"得道"。在中国，得道高人（gāorén）不见得就是知识分子，他可以是一个厨师。说通俗（tōngsú）点儿，"道"是某种魅力。有了这个魅力，人才有创造力（chuàngzàolì）、活力（huólì）、风格，才有灵感（línggǎn）。而这个创造力又不是怪力乱神（guài lì luàn shén），而是将心比心（jiāngxīn-bǐxīn）、人心所向（rénxīn-suǒxiàng）的。味道的这个"道"就在"少许"里面。这个"少许"也可以说是一种灵感，你看中国厨师炒菜，就像是巫师（wūshī）在作法（zuò fǎ），一瓢（piáo）油下去，火焰直蹿（cuān）三尺，手舞足蹈（shǒuwǔ-zúdǎo），锅跳菜蹦，只几分钟，"道"已经进到味里面，他真的是在作法，靠的是经验、灵感、手感，最后达到的是称心（chèn xīn）。

用量器称好盐几克，胡椒（hújiāo）几克往锅里倒，在中国人看来，那是在化学实验室里面的化验师（huàyànshī），不是厨师。

这个世界，许多事情是可以量化（liànghuà）的，例如高速公路（gāosù gōnglù）的里程（lǐchéng）、汽车的油箱、房间的面积、考试分数，甚至我听说人工养鸡，都可以量化鸡蛋的大小。人类热衷于（rèzhōng yú）量化、标准化，因为这个一团乱麻（yì tuán luànmá）的原始世界，只有量化才好管理、统治。全球化的法宝（fǎbǎo）是什么，就是量化，把这个世界看成各种可以计算解开的数学题。各种文化、语言中的人，同解一道数学题，答案都是一样的。量化是一把快刀，斩（zhǎn）去种种乱麻般的细节，

13. 高人：学术、技能、地位很高的人。
14. 通俗：浅显易懂，适合大多数人的水平。
15. 创造力：指人们创造新事物的才能和力量。
16. 活力：旺盛的生命力。
17. 灵感：无意识中突然产生的创造能力。
18. 怪力乱神：指关于怪异、勇力、叛乱、鬼神之事。
19. 将心比心：拿自己的心去衡量别人的心，形容做事应该替别人着想。
20. 人心所向：指人民群众所向往的。
21. 巫师：指装神弄鬼替人祈祷的人。（sorcerer）
22. 作法：施行法术。
23. 瓢：用来舀水的工具。（gourd）
24. 蹿：往上冲。
25. 手舞足蹈：两手舞动，两只脚也跳了起来。形容高兴到了极点。
26. 称心：合乎心愿，满意的。
27. 胡椒：一种调味料，有辣味。（pepper）
28. 量化：可以用数量多少来衡量。（quantitative）
29. 高速公路：供汽车高速行驶的公路。（freeway）
30. 里程：路程，行走的距离。（mileage）
31. 热衷于：对某事物十分爱好。
32. 一团乱麻：比喻事情没有头绪，很乱。
33. 法宝：比喻用起来特别有效的工具、方法或经验。
34. 斩：砍断。（cut）

世界上的事情变得简单、方便、明白、规范（guīfàn）、清楚，便于操作。

　　但是，世界的丰富和魅力在于细节，在于麻烦，在于少许。人生的意义不在于我们什么事情都知道答案，而在于许多事情你不知道答案，在于配料完全一致的这一盘菜与另一盘菜由于少许而不同，味道有异。有一年，我和朋友开车去某地，去的时候走的是旧公路，那路面坑坑洼洼（kēngkengwāwā），一会儿是土路，一会儿是石头路，一会儿又是一段柏油路（bǎiyóulù），朋友开得聚精会神，开车成为一种创造，他必须为道路上的那些复杂细节创造不同的驾驶方法，开了一天，大脑活跃，神采奕奕（shéncǎi-yìyì），很是兴奋。回去的时候走高速公路，六车道，笔直（bǐzhí），全是柏油路面，好像方向盘都不需要怎么动，他老兄开得昏昏欲睡（hūnhūn-yùshuì）又不敢睡，到后来越开越害怕，好像已经不会开车了，出了一身汗，最后撞到公路中间的一排作为施工标志的塑料桩子（zhuāngzi）上，他再也不敢开了。他开车时间不长，还没有被公路完全异化，还没有成为汽车的一个配件（pèijiàn），缺乏细节的公路，他不适应。

　　量化是国家意志，少许是民间的经验。前者很乏味（fáwèi），但无可奈何。后者是一个民族的魅力所在，但正在日益式微（rìyì shìwēi）。布什先生是个执意用美国量杯来量化世界的总统，他相信麦当劳是最标准最有益健康的食物。但他遇到的麻烦是，上帝创造世界的时候用的不是量杯，而是少许。

　　（选自《相遇了几分钟》，原题《少许》，作者于坚，有删改）

---

35. 规范：约定俗成或明文规定的标准。

36. 坑坑洼洼：形容表面凹凸不平，高高低低。

37. 柏油路：asphalt road。

38. 神采奕奕：精神旺盛，容光焕发。

39. 笔直：形容像笔一样直。

40. 昏昏欲睡：没有精神，快要睡着的样子。

41. 桩子：pile。

42. 配件：机器的零件或部件。（accessory）

43. 乏味：没有趣味。

44. 日益式微：一天比一天微弱。

注释

① 北京烤鸭：北京名菜。原为宫廷御膳，16世纪后传入民间。今以"全聚德"烤鸭最著名。（Beijing Roast Duck）

② 道：原义指道路、坦途，以后逐渐发展为道理，用以表达事物的规律性。中国古代哲学的重要范畴，用以说明世界的本源、本体、规律或原理。

③ 孟子：是儒家思想的代表人物之一，是中国古代著名的思想家、教育家。

④ 人皆可为圣贤：在行动上积极向贤德的人看齐，每个人都可以成为圣贤的人，是儒家思想的主要内容之一。

练习 Exercises

一　选词填空

规范　执意　通俗　活力　将心比心　热衷于　手舞足蹈

日益式微　一团乱麻　灵感　法宝　神采奕奕　乏味　昏昏欲睡

1. 司机师傅乐意回答我的问题，讲到高兴处还（　　　　），好几次手都离了方向盘。
2. 这篇文章过于严肃，枯燥（　　　　），读起来令人（　　　　）。
3. 上海被评为"全世界最具有（　　　　）的城市"，不少人（　　　　）到中国进行商务旅游，寻找商机。
4. 我无力地倚在桌子上，心里像（　　　　），怎么也理不出个头绪。
5. 制定标准的行为（　　　　），实行严格的质量检验制度，是企业成功的（　　　　）。
6. 父亲不顾儿子的劝告，（　　　　）回国，只能父子分离啦。
7. 通过换位思考，（　　　　），多为顾客着想，提高服务意识。
8. 这种传统手工艺在现代社会（　　　　），年轻人都不愿意学。
9. 我望着这位（　　　　）的老人滔滔不绝地在讲历史，真不相信他已九十高龄。
10. 民间文学的结构常常比较简单，语言（　　　　），形式生动活泼。
11. 爱迪生说："天才，就是百分之一的（　　　　），百分之九十九的血汗。"

第 8 课　历史与文化

二　根据课文内容选择正确答案

1. 与中国菜不可言说的部分相关的是：
   A. 经验、血缘　　　　B. 家教、口感　　　　C. 成长史

2. 中国菜的味与"道"联系在一起，说法正确的有：
   A. 有了"道"，才有创造力、活力
   B. "道"是怪力乱神，可以像巫师在作法
   C. 是将心比心、人心所向

3. 在这个世界上，可以量化的事情有：
   A. 房间的面积、考试的分数
   B. 高速公路的里程、汽车的油箱
   C. 鸡蛋的大小

4. 为什么说量化是全球化的法宝：
   A. 量化是一把快刀，斩去种种乱麻般的细节
   B. 量化如同解一道数学题，答案都是一样的
   C. 量化让事情变得简单、方便、规范，便于操作

5. 作者认为世界的丰富和魅力在于：
   A. 细节　　　　　　B. 麻烦　　　　　　C. 少许

6. 作者的朋友开车走旧公路时聚精会神，为什么在高速公路上却不敢开：
   A. 他开车时间不长，还没有被公路完全异化
   B. 他还没成为汽车的一个配件，不适应缺乏细节的公路
   C. 他必须为道路上的那些复杂细节，创造不同的驾驶方法

7. 关于"量化"与"少许"，符合原文的说法是：
   A. 量化很乏味，少许是一个民族的魅力所在
   B. 量化是国家意志，少许是民间的经验
   C. 量化最精准，少许则不精确

8. 与原文相符的观点是：
   A. 作者不喜欢北京烤鸭不同的店不同的口味
   B. 作者不喜欢麦当劳不同的店都是相同的口味
   C. 作者认为上帝创造世界时用的不是量杯

三 根据文章内容，用指定的词语完成下面的问题。请不要照抄课文，清楚地理解课文内容后，尽量用自己的话来写

1. 按照中国菜谱做菜，你能成为一名中国厨师吗？秘密是什么？

   _____
   _____
   _____

   > 少许　火候　不可言说
   > 血缘　家教　口感

2. 在中国，得道高人可以是厨师吗？为什么？

   _____
   _____
   _____
   _____

   > 创造力　活力
   > 怪力乱神　将心比心
   > 灵感　巫师　手舞足蹈

3. 你觉得有哪些事情可以量化？人类热衷于量化的原因是什么？

   _____
   _____
   _____

   > 里程　一团乱麻　法宝
   > 斩　规范

四 写作实战练习

问题提示和思考

在文章导读中介绍了两道菜的制作材料，可以看出，两道菜的区别：黑椒牛柳的介绍非常精确详细，操作性强；而麻婆豆腐的介绍却非常感性，需要操作者凭经验、感觉来做，味道不可预期。

写作提示

"对比"是把两种不同事物或者同一事物的两个不同方面并举出来，相互比较。对比的基本特点是相互"对立"。议论文中的对比论证方法，是将 A 和 B 两

第 8 课　历史与文化

种事物加以比较，从正反两方面突出强调文章的观点，能使论证更全面更严密，说理更透彻。

写作练习

步骤一：分析

菜名	黑椒牛柳	麻婆豆腐
制作材料	**主料**：牛排 300 克。 **辅料**：洋葱（白皮）25 克，胡萝卜 25 克，西芹 30 克，青豆 20 克，菜花 30 克。 **调料**：盐 4 克，胡椒粉 8 克，黄油 50 克。	**原料**：豆腐一块，肉末（可以用牛肉，也可以根据个人口味用猪肉等）约一两，豆瓣酱一大匙，豆豉一匙，辣椒粉一大匙（可依个人喜好增减），花椒粉一咖啡匙，蒜苗一棵，酱油两大匙，红油三大匙，味精适量，淀粉一大匙。
区别		

步骤二：比较分析

请你写出不同国家或地区的两道菜或者点心的制作方法，并比较它们的制作过程有什么不同，分析一下其中的原因。（比如：馒头与面包；炸酱面与意大利面）

菜名		
所属国家或地区		

（续表）

制作方法		
口味是否容易一致		
特点		
分析原因		

步骤三：写作

具体要求：

1. 文章内容：

　　① 选择不同国家或地区的两道菜或者点心并说明制作方法。

　　② 比较从准备材料到制作过程中使用的动词和量词的差别。

　　③ 对比分析这两道菜制作要求背后的国家及社会的文化背景。

　　④ 由此对比扩展分析世界量化、标准化的利与弊。

2. 写作方法：比较内容可用表格形式，在论证时使用对比论证法。

3. 使用词语：在文章中至少使用本课所学的8个新词语。

4. 字数：400字左右。

第8课　历史与文化

步骤四：修改并定稿

　　通过两道菜（点心）的制作方法的比较与分析，请你分析事物量化的利与弊，你认为怎么平衡是最合适的？（字数：400字左右）

世界量化、标准化的利与弊

利	弊
平衡	

阅读（二）

　　请大家试试做下面的心理测验。

　　将下面所给的三幅图分成两组：

  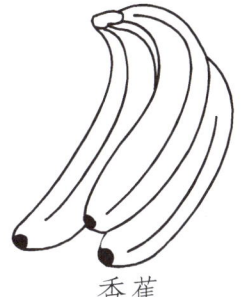

　　　熊猫　　　　　　　猴子　　　　　　　香蕉

　　分组的结果是什么？跟你周围的朋友一样吗？接下来的文章会给你解释为什么会有不同的分组。

159

西方人见树木，东方人见森林

最近一位朋友跳槽（tiào cáo）到了一家欧洲公司，那家公司属于纯外资企业①。他告诉我，他们公司有个很奇怪的规定：销售人员绝不能给客户送礼。我也纳闷儿（nà mènr），这怎么可能？不跟客户搞好关系，怎么可能做得好销售？

我最近在读一本关于东西方思维差异（chāyì）的书，书名是《思维的版图（bǎntú）》②，作者是美国的理查德·尼斯贝特。其中有个实验令我特别感兴趣：心理测验者给受试儿童看三幅图画，分别是鸡、牛、青草（qīngcǎo），让儿童将其分为两类。结果非常有意思：大部分中国儿童把牛和青草分为一类，把鸡分到另一类；而大部分美国儿童把牛和鸡归为一类，而把青草分为另一类。为什么呢？因为中国儿童习惯按照事物之间的关系划分（huàfēn）事物的类别（lèibié），美国儿童则习惯把事物归入（guīrù）它们作为"实体"各自所属的范畴里面去。按照"关系"，牛吃草，所以牛和草被视为同一个类别。按照"范畴"，牛和鸡都是动物，而青草是植物。所以这个实验结果就体现了东西方儿童思维方式的

1. 跳槽：比喻人离开原来的工作，找到新工作。

2. 纳闷儿：因心里不清楚而发闷。

3. 差异：区别、不同。（difference）

4. 版图：指一个国家的领土范围，此处指抽象的范围或形式。

5. 青草：绿草。

6. 划分：区分，把整体分成若干份。
7. 类别：按事物种类不同而做出区别。
8. 归入：划分、归纳为一个类别。

第8课　历史与文化

差异：前者首先看到的是关系，其次才有被关系连接在一起的实体；后者则首先看到了实体，然后构建（gòujiàn）起实体间的关系。

进而（jìn'ér）几位学者又将被测试者由小学生换成大学生，做类似的实验，让大学生们对熊猫、猴子、香蕉进行分类。结果美国学生强烈地表现出把猴子和熊猫视为（shì wéi）同类的偏好（piānhào），而中国学生则更倾向于把猴子与香蕉视为更接近的事物。这一实验结果表明，儿童时期形成的思维方式足以延续（yánxù）到成年时期。

为什么东西方思维方式有这样的差异呢？作者在该书开头引用（yǐnyòng）了这样一段话：若干年前，从中国来了一个杰出（jiéchū）的学生，跟我从事社会心理学和理性（lǐxìng）问题的研究。相识不久的一天，他对我说："我和你的差别在于我把世界想象成圆形，而你把它想象成直线。"中国人相信事物处于变化当中，而事物总是回到它们的某些初始（chūshǐ）状态，故而（gù'ér）他们关注更加广阔的事件群组（shìjiàn qúnzǔ），他们寻找的是事物之间的关系，他们认为不了解整体就不可能理解局部。西方人生活在更具确定性的世界里，他们关注的是恒久不变（héngjiǔ búbiàn）的事或人，而不是更广阔的图景（tújǐng），他们认为他们知道了事物运行的规则就可以控制事件发展。

古希腊（gǔxīlà）喜欢范畴，并以此作为发现规则和运用规则的基础。他们也相信世界的稳定性，他们从固定的属性或性格方面来理解自然和社会。古代的中国人对范畴不感兴趣，他们认为世界是在不断变化的，认为自然和社会物体的运动是源于（yuányú）物体周围环境的各种力量互相作用的

---

9. 构建：建立（体系、结构等）。

10. 进而：更进一步。

11. 视为：看作是，看成。
12. 偏好：对某事物有特别的爱好。（have partiality for sth.）

13. 延续：按照原来的样子继续下去。

14. 引用：说话或写文章时用别人作品中的词句。
15. 杰出：（才能、成就等）很出众。
16. 理性：指概念、判断、推理等思维形式。与"感性"相对。

17. 初始：开始的，最初的。（initial）
18. 故而：因而，所以。
19. 事件群组：有联系的很多事件的集合。

20. 恒久不变：形容时间长久，不会改变。
21. 图景：画面上的景物。比喻理想中的景况。

22. 古希腊：ancient Greek。

23. 源于：来源于，因某事或某物而发生。

161

结果,这些因素并不是不相关的。再举一例:在西方,一个小孩子如果数学学得很差,他就会被认为是没有数学的能力或"丧失了学习能力";而在中国,我们会认为这个小孩需要再努力点儿,或老师应该加倍(jiābèi)地关注他,或者需要换个学校等。这种按稳定的性格或能力来归因(guīyīn)和把任何事情看成是内外因的统一体的思维方式深刻地体现出东西方对关系和范畴的不同偏爱(piān'ài)。

有充分的证据证明,相对于西方人来说,东方人更多的是从各种关系的角度来看这个世界;西方人更倾向于从可以归入各个范畴的静止(jìngzhǐ)物体来看这个世界。

再回到开头的那个现象,这样看来这家欧洲公司的规定也就不足为奇(bùzúwéiqí)了,他们深信,以好的产品、服务和销售实力,完全可以开拓(kāituò)市场,而对于送礼、搞好关系这些事则不以为意(bùyǐwéiyì);而中国人则想不通,不靠关系,谁买你的产品?好的产品还不多得是?我无法明确判断哪一种是正确的,但可以确定的是,当两种文化发生碰撞时,彼此的理解和互相认同(rèntóng)是必不可少(bìbùkěshǎo)的!

（选自《大众心理学》,原题《西方人见木,东方人见森②》,作者曲学丽,有删改）

24. 加倍:指程度比原来深得多。

25. 归因:attribution。

26. 偏爱:在几个人或事物中特别喜爱其中的一个。

27. 静止:指事物相对稳定、不动。与"运动"相对。

28. 不足为奇:指某种事物很平常,没什么奇怪的。
29. 开拓:开辟、扩展。(carve out)
30. 不以为意:不在意,不在乎。

31. 认同:同意,赞同。
32. 必不可少:一定不能缺少,不能没有。

注释

① 外资企业:是指依照中国法律,在中国境内设立的全部资本由外国投资者投资的企业。（overseas-funded enterprise）
②《思维的版图》:讲的是东西方文化差异,西方人倾向于把世界看成是由单个物体集合构成的,而东方人是把世界看成是由连续的物质构成的。

第 8 课　历史与文化

练习　Exercises

一　把左边的词语与右边相应的意思连接起来

1. 不以为意	A. 开辟、扩展
2. 必不可少	B. 比喻人离开原来的工作，找到新工作
3. 划分	C. 说话或写文章时用别人作品中的词句
4. 开拓	D. 一定不能缺少，不能没有
5. 引用	E. 在几个人或事物中特别喜爱其中的一个
6. 杰出	F. 不在意，不在乎
7. 加倍	G. 区分，把整体分成若干份
8. 偏爱	H. 指抽象的范围或形式
9. 跳槽	I. 形容时间长久，不会改变
10. 版图	J. 建立（体系、结构等）
11. 延续	K. 因心里不清楚而发闷
12. 构建	L. 指程度比原来深得多
13. 纳闷儿	M. 指某种事物很平常，没什么奇怪的
14. 不足为奇	N. 照原来的样子继续下去
15. 恒久不变	O. 才能、成就等很出众

二　下面几组词语意思相近或相关，请查查词典，思考一下，然后把它们在词义和用法上的主要异同点填在下面的表格里

1. 构建——建立

	构建	建立
相同点		
相异点		

163

2. 进而——因而

	进而	因而
相同点		
相异点		

3. 延续——继续

	延续	继续
相同点		
相异点		

4. 开拓——开发

	开拓	开发
相同点		
相异点		

第 8 课

三 根据文章内容，用指定的词语完成下面的段落。请不要照抄课文，清楚地理解课文内容后，尽量用自己的话来写

1. 把牛和青草分为一类与把牛和鸡分为一类的原因分别是什么？

   _____
   _____
   _____
   _____

   > 划分　类别　归入
   > 范畴

2. 文中实验体现了东西方儿童思维方式的差异是什么？

   _____
   _____
   _____
   _____

   > 前者　后者　实体
   > 构建

3. 为什么东西方思维方式会有这样的差异呢？

   _____
   _____
   _____
   _____

   > 圆形　直线　初始
   > 故而　群组　恒久不变
   > 控制

4. 古代希腊人与中国人对范畴的认识不同，对思维方式有什么影响？

   _____
   _____
   _____
   _____

   > 规则　源于　相关
   > 归因　偏爱

四 写作实战练习

测试和思考

请你先进行一个心理测试，看看你的生命价值观如何：

165

当你想象年老时,以下三个场景哪个最令你向往?(答案在第167页最后)

A. 闲来没事打打高尔夫球
B. 与儿孙户外郊游
C. 与老伴儿做伴依偎

写作提示

本文在开头部分提到了一个朋友所在的公司有个奇怪的规定,销售人员绝不能给客户送礼。在结尾部分再次提到了这家欧洲公司的规定,说经过一番分析以后,这样的规定也就不足为奇了,他们深信,以好的产品、服务和销售实力,完全可以开拓市场。像这样为了使内容衔接紧凑、结构严谨,一篇文章中,前面写到的,中间或结尾要有交代;后面提到的,前面要有所铺垫,这种安排设计叫做"**照应**"。

写作练习

步骤一:测试

请你查找一些经典测试题,来试着测试一下你的同学或朋友。

测试题:

测试题答案:

步骤二:分析测试

受试者是否觉得你的测试很准确呢?每个测试者的答案是否与他们的性别、年龄、国籍、民族、语言、宗教等方面的因素有关?请做简单分析。

步骤三：写作

具体要求：

1. 文章内容：

   ① 通过书籍或网络查找一些经典测试题，测试你的同学或朋友。

   ② 每位测试者是否觉得你的心理测试题比较准确？

   ③ 分析测试者的答案不同的因素有哪些，如：性别、年龄、国籍、民族、语言、宗教等。

   ④ 正如文中得出的结论"西方人见树木，东方人见森林"一样，通过测试，你有了什么样的结论？

2. 写作方法：通过对测试的分析与论证，借鉴"照应"的论证方法（首尾照应、前后照应、文题照应）完成文章。

3. 使用词语：在文章中至少使用本课所学的8个新词语。

4. 字数：500字左右。

步骤四：修改并定稿

完成作文后请老师提出意见，再根据老师的意见进行修改，最后抄写到作文本或稿纸上，也可以输入电脑再打印出来。

测试题答案

选择A：

外在导向型人生目标：倾向对外表现自己，以期满足自己的能力或支配欲。男性中有很多是此类型的，以满足工作、利益、荣誉为目标。

选择B：

内在导向型人生目标：精神方面满足于追求自己的目标，其所带来的喜悦远胜于将自己的能力表现在外。珍惜与人的相处，重视爱情和友谊。因为追求悠闲安静的生活方式，所以能享受家庭带来的幸福感。

选择C：

快乐指向型人生目标：在吃喝玩乐中寻找人生乐趣，拥有更多的体验是人生追求的目标，价值观与其说是受物质支配，倒不如说是由"量"支配。

如果你有两个以上答案难以选择，那就表示你的晚年生活非常稳定。

要"园丁"还是要"渔夫"

人类的文化可以分成两种，渔夫文化和园丁文化。渔夫文化的特点是贪婪和占有，它崇尚掠夺，崇尚战争和谋略。但园丁文化不是这样，它崇尚对生命的理解和爱。那么，在中国上下5000年的历史中，这两种文化又是怎样演变的呢？在演变的过程中，它们对人们的管理理念和管理绩效又产生了怎样的影响呢？

渔夫文化形成"分"，园丁文化形成"合"，中国历史上的"分"与"合"，其实是渔夫文化与园丁文化之间的变换。《三国演义》开篇说的"天下大势，分久必合，合久必分"，描述的就是这种现象。

当渔夫文化出现的时候，道德就崩溃了，经济学就成了显学。人们只知道用一颗经济学的头脑去利用、去掠夺、去占有。你也要占有，我也要占有，他也要占有，于是就出现了中国历史上的"分"。这么一"分"，就"分"出了春秋战国和三国时期这样的乱世。

当园丁文化出现的时候，那就意味着人们在关注生命的意义。他们在用自己的心灵与大自然对话，他们在理解生命、理解自己的人生。于是，热爱生活、友爱互助的道德体系被建立起来了，经济学还原成一种理财的工具。这样就出现了中国历史上的"合"，这么一"合"，就"合"出了周、汉、唐、宋这样的太平盛世。

现代管理学其实也是一种渔夫的管理学。与过去的区别在于：现代管理学在强调人的行为规范，强调人的工具属性；"中国式管理"所鼓吹的厚黑之术、权谋之术，则是为了更有效地使用这种叫做"人"的工具。另外，在我们的现实社会生活中，一些无良的学者奉行的也是渔夫文化：他们认同暴力，崇尚厚黑和权谋。例如，在管理咨询这个圈子里，一部分专家在兜售各种管理技术，帮助老板们压榨员工；另一部分专家呢，在指导员工们如何对付老板。他们怎么能够被称为管理专家呢？纯粹是一群捣乱专家。

可是，真正的管理学是在职场上建立起一种友爱互助的道德体系。老板和员工之间，主管和下属之间，就不再是一种互相利用的关系，而是一种友爱互助的关系。

爱，意味着我们对生命的理解和珍惜。因此，"爱"也成了园丁文化的主题思想。老子和庄子告诉我们怎样爱自己，释迦牟尼告诉我们怎样爱别人，孔子则告诉我们怎样去建立一个友爱互助、和谐美好的人类社会。中国历史上的主流文化，不是暴力，不是权谋，而是这种以"爱"为主题的园丁文化。

（选自"中华励志网"，原题《要"园丁文化"还是要"渔夫文化"》，作者成君忆，有删改）

一 读完全文，请你想一想、说一说

1. 文章认为人类的文化可以分为"渔夫文化"和"园丁文化"两种，并以中国历史来说明两种文化的不同影响，请复述两种文化的特点和在中国历史上的表现。
2. 当"渔夫文化"出现时，社会一般会出现哪些特点？举例说明。
3. 你认为真正的管理学要以哪种文化为主？

二 "园丁文化"还让你想到什么？

_____
_____
_____
_____

三 请谈一谈孔子儒家思想对现代管理学的贡献

_____
_____
_____
_____

词语总表

A	
安贫乐道	（6）
安然	（1）
安详	（7）
安逸	（3）
案几	（5）
案例	（5）
翱翔	（6）
懊丧	（1）

B	
白头偕老	（1）
柏油路	（8）
败	（1）
版图	（8）
伴随	（3）
扮演	（1）
宝座	（6）
报偿	（2）
贝	（2）
奔波	（1）
本能	（2）
笔直	（8）
币	（3）
必不可少	（8）
壁炉	（5）
贬值	（3）
变幻莫测	（4）
别墅	（1）
博客	（1）
博主	（5）

不外乎	（7）
不得已	（1）
不可言说	（8）
不可捉摸	（3）
不期而遇	（1）
不屈不挠	（6）
不宜	（2）
不遗余力	（5）
不以为意	（8）
不折不扣	（6）
不足为奇	（8）
部族	（2）

C	
才华横溢	（4）
财经	（5）
财迷	（6）
财务	（5）
采集	（2）
餐馆	（8）
残疾	（6）
操守	（7）
操纵	（5）
策略	（5）
层层叠置	（4）
差异	（8）
搀扶	（1）
阐述	（2）
长寿	（1）
嘲笑	（6）
称心	（8）

呈	(3)
诚然	(7)
承载	(5)
城镇	(5)
持	(3)
持续	(2)
持之以恒	(7)
充沛	(7)
崇尚	(5)
宠物	(3)
抽样	(3)
筹备	(3)
初始	(8)
储存	(2)
储蓄	(5)
传承	(6)
传达	(5)
传递	(5)
传奇	(6)
创建	(6)
创造力	(8)
纯粹	(7)
辞职	(1)
蹿	(8)
错位	(7)

D

打哈欠	(2)
打喷嚏	(2)
大豆	(2)
大款	(3)
代谢	(2)
待机	(4)
淡然处之	(6)
倒时差	(2)
登录	(5)
低端	(6)

递减	(3)
颠覆	(6)
顶尖	(5)
订购	(5)
动荡	(1)
动乱	(6)
独一无二	(3)
赌博	(1)
度假	(3)
段落	(2)
对称	(4)
多元化	(5)

E

恶劣	(6)
恩宠	(2)
恩恩怨怨	(1)
二氧化碳	(4)

F

发病	(2)
发酵	(2)
乏味	(8)
法宝	(8)
繁衍	(6)
房地产	(5)
放任自流	(7)
飞镖	(4)
非同寻常	(5)
肥肉	(2)
分辨	(2)
分担	(7)
分支	(4)
纷纷	(4)
风帆	(6)
风风雨雨	(1)
风情	(4)
风筝	(3)

封闭	(1)	瑰丽	(4)
付之东流	(5)	轨迹	(1)
复苏	(3)	过敏	(2)
赋予	(1)	过剩	(2)
富翁	(3)	**H**	
覆盖	(4)	海域	(2)
G		含蓄	(5)
感触	(3)	毫无生气	(4)
感慨	(5)	豪华	(5)
刚健自强	(7)	豪宅	(6)
高人	(8)	好胜心	(3)
高速公路	(8)	浩瀚无边	(4)
阁楼	(4)	呵护	(4)
埂	(4)	和睦	(7)
公益	(6)	和谐	(7)
公众	(5)	阖家	(5)
恭贺	(5)	贺卡	(5)
构建	(8)	红火	(3)
估算	(4)	忽略不计	(2)
辜负	(7)	胡椒	(8)
古希腊	(8)	互动	(6)
谷物	(2)	户外	(6)
股票	(5)	化疗	(1)
固定	(2)	化身	(7)
故而	(8)	划分	(8)
雇主	(4)	欢天喜地	(3)
怪力乱神	(8)	环保	(5)
关爱	(5)	环顾四周	(7)
关注	(3)	幻觉	(2)
观望	(3)	换取	(3)
归功于	(3)	挥霍	(6)
归结	(6)	回报	(1)
归入	(8)	汇聚	(6)
归因	(8)	汇率	(3)
规范	(8)	昏昏欲睡	(8)
闺中密友	(7)	婚礼	(3)

浑浑噩噩	（7）	谨小慎微	（7）
活力	（8）	进而	（8）
火候	（8）	经典	（4）
获益	（3）	经纬	（4）

J

机敏	（2）	经营	（1）
基金	（5）	惊吓	（1）
激情	（7）	精打细算	（5）
及时行乐	（7）	精明	（5）
吉祥卧	（1）	精髓	（6）
疾患	（2）	静止	（8）
嫉妒	（7）	窘境	（3）
计时	（3）	居所	（4）
寂静	（4）	举手之劳	（4）
冀望	（7）	巨型	（5）
加倍	（8）	倦怠	（1）
加仑	（4）	角色	（1）
家教	（8）	绝望	（1）
家境	（6）	绝症	（1）
坚果	（2）		

K

坚韧	（6）	开拓	（8）
监控	（4）	看护	（3）
简历	（3）	坎坷	（1）
简陋	（3）	看得见摸得着	（7）
舰艇	（5）	抗争	（6）
将心比心	（8）	可取之处	（2）
奖赏	（4）	可望而不可即	（1）
焦虑症	（3）	刻意	（1）
教养	（3）	坑坑洼洼	（8）
孑然一身	（1）	空洞	（5）
节俭	（5）	空虚	（6）
节制	（6）	恐慌	（2）
杰出	（8）	恐惧	（2）
借助	（3）	空白	（6）
金融	（6）	口感	（8）
筋疲力尽	（4）	枯竭	（7）
		苦思冥想	（1）

宽容	（1）	毛茸茸	（4）
亏	（1）	媒体	（5）
愧疚	（1）	魅力	（1）
困意	（2）	魅力十足	（5）

L

老天爷	（1）	门户	（5）
垒	（4）	谜底	（1）
类别	（8）	秘诀	（5）
篱笆	（4）	免费	（3）
礼俗	（5）	免疫力	（3）
礼仪	（5）	面庞	（4）
里程	（8）	敏感	（1）
理财	（5）	明暗相间	（4）
理性	（8）	明智	（1）
连绵起伏	（4）	模式	（3）

N

量具	（8）	纳闷儿	（8）
量化	（8）	纳税	（3）
量入为出	（5）	难以名状	（3）
亮丽	（5）	挠痒痒	（2）
辽阔	（4）	逆向	（5）
列举	（4）	逆转	（4）
邻里	（3）	溺爱	（3）
淋浴	（4）	年老力衰	（7）
灵动多变	（4）	扭曲	（6）
灵感	（8）	浓郁	（4）
凌乱	（4）		

P

领略	（7）	牌局	（1）
溜	（5）	派对	（5）
流浪汉	（3）	庞大	（5）
流逝	（1）	跑车	（5）
隆重	（3）	配放	（8）
垄	（4）	配件	（8）
轮椅	（6）	配偶	（1）
履行	（6）	喷头	（4）

M

蔓延	（3）	烹调	（7）
		碰撞	（5）

偏爱	(8)
偏好	(8)
飘逸	(4)
瓢	(8)
拼死	(1)
贫困	(6)
频繁	(2)
品格	(6)
品味	(6)
平庸之辈	(7)
评估	(2)
屏幕	(2)
迫不及待	(6)
破裂	(1)
扑朔迷离	(1)

Q

其乐融融	(5)
歧视	(7)
起步	(6)
气节	(7)
契约	(1)
器官	(2)
前额	(2)
潜能	(3)
枪战	(2)
强劲	(4)
强壮	(2)
强求	(1)
侵略	(1)
亲朋好友	(5)
青草	(8)
青花鱼	(2)
情趣	(7)
情有独钟	(2)
穹	(4)
驱逐	(2)

躯体	(1)
趋势	(3)
曲线	(3)
取而代之	(7)
权位	(7)

R

热水器	(4)
热衷于	(8)
人际关系	(6)
人心所向	(8)
人之常情	(1)
认同	(8)
日复一日	(2)
日积月累	(3)
日益式微	(8)
容量	(4)
融合	(2)
乳类	(2)
软件	(4)
锐角	(4)
若即若离	(3)

S

扇	(3)
上述	(2)
上天	(2)
少许	(8)
舍弃	(4)
社会属性	(1)
社区	(3)
涉猎	(6)
摄取	(2)
身体力行	(4)
深眠	(1)
深切	(1)
神采奕奕	(8)
审慎	(6)

胜	(1)	损害	(1)
失之交臂	(5)	损耗	(4)
时髦	(5)	梭子	(4)
时区	(2)	缩水	(3)
时尚	(7)	索求	(7)
实体	(1)	**T**	
世代相传	(6)	胎儿	(2)
事件群组	(8)	态势	(3)
事项	(2)	贪生怕死	(1)
饰带	(4)	瘫痪	(1)
视为	(8)	坦然	(1)
视野	(4)	套用	(7)
适时	(5)	特质	(2)
逝去	(1)	腾	(3)
释放	(2)	天花板	(4)
收效	(6)	天经地义	(7)
收银员	(6)	天伦之乐	(3)
手感	(8)	天长地久	(1)
手舞足蹈	(8)	挑战	(6)
受益者	(3)	跳槽	(8)
狩猎	(2)	通俗	(8)
授权	(4)	透彻	(4)
瘦肉	(2)	突变	(2)
孰知	(7)	图景	(8)
树枝	(6)	土生土长	(6)
衰老	(1)	推崇	(7)
双胞胎	(3)	推延	(7)
说教	(7)	退化	(1)
厮守	(3)	退缩	(4)
似是而非	(7)	拖累	(6)
饲料	(2)	妥善	(1)
塑造	(4)	拓宽	(7)
酸奶	(2)	**W**	
随波逐流	(7)	完全	(7)
随机应变	(2)	万丈高楼	(4)
岁月	(1)	网络	(1)

词语总表

旺盛	(7)	效应	(3)
微不足道	(3)	携带	(4)
微妙	(1)	蟹	(2)
巍峨	(4)	心动	(5)
违背	(5)	心慌意乱	(1)
维系	(1)	心率	(3)
未免	(7)	心碎	(1)
胃酸	(2)	心态	(5)
窝	(4)	心血	(5)
蜗牛	(2)	心智	(7)
巫师	(8)	欣慰	(1)
无法自拔	(6)	新娘	(3)
无时无刻	(1)	薪水	(4)
毋庸置疑	(4)	信誉	(6)
捂	(2)	兴隆	(1)
物极必反	(3)	兴旺	(7)
物欲	(5)	形态各异	(4)
误导	(6)	形形色色	(5)
X		胸怀	(7)
稀里糊涂	(7)	宿	(1)
熄火	(6)	秀	(8)
习以为常	(6)	虚度	(7)
喜出望外	(3)	虚假	(7)
细节	(5)	虚拟	(5)
先声夺人	(6)	序列	(2)
现身说法	(6)	酗酒	(6)
限度	(6)	喧闹	(2)
限于	(5)	玄之又玄	(8)
陷入	(6)	炫耀	(6)
相安无事	(1)	鳕鱼	(2)
相关	(2)	血缘	(1)
消磨	(7)	**Y**	
消逝	(7)	压抑	(3)
小康者	(3)	延伸	(4)
小区	(3)	延续	(8)
笑意盈盈	(4)	掩映	(6)

演化	(2)	与生俱来	(2)
赝品	(7)	羽轴	(4)
野餐	(3)	语不惊人	(5)
一辈子	(1)	预料	(5)
一旦	(1)	预支	(3)
一举两得	(3)	欲望	(1)
一年半载	(5)	誉	(7)
一团乱麻	(8)	圆润	(4)
一味	(1)	源泉	(7)
遗传	(3)	源于	(8)
义工	(5)	远远	(3)
议员	(6)	怨恨	(6)
异物	(2)	约束	(6)
异性	(7)	跃跃欲试	(5)
异域	(4)	运行	(6)
抑或	(1)	蕴含	(5)
抑郁症	(3)	**Z**	
毅然决然	(6)	杂货店	(4)
引用	(8)	再生	(4)
隐藏	(6)	在世为人	(7)
隐瞒	(1)	造就	(4)
英俊	(6)	噪音	(2)
盈	(1)	泽被	(7)
营利	(6)	斩	(8)
应季	(4)	占据	(7)
拥堵	(4)	账单	(4)
永恒	(7)	账户	(4)
勇于	(6)	折寿	(3)
忧国忧民	(7)	争执	(6)
由此可见	(3)	挣扎	(1)
邮筒	(5)	正比	(3)
邮政	(5)	证券	(5)
余晖	(6)	支撑	(1)
鱼钩	(4)	知觉	(2)
渔猎	(2)	知音	(7)
舆论	(7)	脂肪	(2)

执意	(7)	桩子	(8)
智商	(6)	坠崖	(6)
终归	(7)	缀	(4)
终究	(7)	着陆	(4)
重症	(6)	琢磨	(7)
诸如	(3)	自暴自弃	(1)
主流	(6)	自卑	(7)
助残	(6)	自立	(5)
祝福	(5)	自溺	(1)
专柜	(5)	自传	(5)
专栏	(3)	纵横交叉	(4)
专题	(3)	罪魁祸首	(2)
转让	(3)	尊严	(7)
传记	(5)	佐料	(8)
撰写	(3)	作法	(8)
庄园	(5)		